Joachim Schnabel

Das Schuljahr im Griff

Vorlagensammlung für die Schulorganisation und Lernstandsdiagnose

Auer Verlag GmbH

Gedruckt auf umweltbewusst gefertigtem, chlorfrei gebleichtem
und alterungsbeständigem Papier.
1. Auflage 2009
Nach den seit 2006 amtlich gültigen Regelungen der Rechtschreibung
© by Auer Verlag GmbH, Donauwörth
Illustrationen: Julia Flasche, Berlin
Satz: Reemers Publishing Services GmbH, Krefeld, www.reemers.de
Druck und Bindung: Köppl und Schönfelder OHG, Stadtbergen
ISBN 978-3-403-06175-5

www.auer-verlag.de

Inhaltsverzeichnis

Einleitung

Sinn und Zweck/Intention

Wer kennt nicht die alljährliche, allmonatliche, allwöchentliche und alltägliche Arbeit der Klassenleitung mit dem leidigen Schriftwesen, das so nebenbei zu führen ist?

Die **Beobachtungshilfen und Kopiervorlagen für Klassenlehrkräfte*** in diesem Buch möchten Sie bei dieser oft als lästig empfundenen Arbeit entlasten. Viele der rund 100 Vorlagen erleichtern die anfallenden Routinearbeiten und sind von ihrem Aufbau sowohl für Studenten bzw. Praktikanten als auch den Berufsanfänger oder den erfahrenen Kollegen geeignet.

Natürlich erheben die hier veröffentlichten Vorlagen keinen Anspruch auf Vollständigkeit oder Vollkommenheit. Das ist auch nicht die Intention des Buches. Vielmehr bieten sie sich als Hilfen für die Diagnose, Organisation und Planung unterrichtlicher Prozesse an, die jede Lehrkraft ihren persönlichen Interessen, ihrem ästhetischen Empfinden oder ihrer jeweiligen beruflichen Situation anpassen kann und soll. Die Vorlagen sind somit **leicht veränderbar, erweiterungsfähig und flexibel handhabbar** und helfen damit, Ihre Arbeit als Klassenleitung ansprechend zu präsentieren.

Handhabung

Dieses hohe Maß an Flexibilität ergibt sich aus der Tatsache, dass Sie zu den gedruckten und kopierfähigen Blanko-Vorlagen auch einen Datenträger in Form einer **CD-ROM** erhalten. Somit können Sie die **Arbeitshilfen sowohl per Hand oder Schreibmaschine als auch per PC weiterbearbeiten.**

Sie haben die Möglichkeit, nach Belieben Formate, Schriften, Rahmen, Schattierungen, Begriffe oder Farben zu ändern und ihren persönlichen Stil zu entfalten. Selbstverständlich eignen sich die Vorlagen auch zum Vergrößern oder Verkleinern über einen Kopierer oder Scanner.

Aufbau

Der Aufbau orientiert sich am Verlauf eines Schuljahres und bietet sowohl für die Arbeit in der Schule als auch für die Elternarbeit entsprechende Vorlagen (siehe Inhaltsverzeichnis) an.

Die im Inhaltsverzeichnis kursiv gedruckten Dokumente finden Sie auf der CD-ROM.

Dank

Nicht alle in diesem Buch vorgestellten Vorlagen stammen ursprünglich von mir selbst. Einige entstanden erst durch die Überarbeitung von Vordrucken meiner Kolleginnen Sandra Böcker, Karin Schöne, Bettina Geißdörfer, Brigitte Pilz und Anja Trapp. An dieser Stelle möchte ich mich bei ihnen nochmals für die Überlassung ihrer Vorlagen recht herzlich bedanken.

Nun wünsche ich Ihnen viel Freude und gutes Gelingen bei der Arbeit mit den Vorlagen. Hoffentlich erfüllen diese ihren Zweck und erleichtern Ihnen künftig Ihre Arbeit als Klassenlehrer/in!

Nürnberg, im Juni 2008

Joachim Schnabel

---

* Aufgrund der besseren Lesbarkeit wird nur die männliche Form verwendet. Selbstverständlich sind Schülerinnen und Lehrerinnen jeweils mit angesprochen.

Checkliste für den Schuljahresanfang

(ca. 1.-4. Schulwoche)

SCHRIFTWESEN DES KLASSENLEHRERS

Schülerliste
Schülerbögen
Notenlisten
Klassenliste zum Einsammeln/für Förderlehrer
Schülerbeobachtung (allgem., Leistungen, RS, Aufsatz, Mathematik, ...) anlegen
Lehrnachweis anlegen
Klassenlehrplan/Stoffverteilung
Wochenplan/Tagesunterrichtsvorbereitung
Stundenplan
Klassenspiegel

ORGANISATION - Klasse/Schule

Bestellung der Schulbücher
Schullandheim/Klassenfahrt planen
Elternbrief
Einkaufsliste für Schüler und Eltern
Kontrollliste für Schülermaterialien
Computerliste der Schulleitung korrigieren
Pausenaufsicht klären
Förderunterricht – Einteilung
Kopierkarte abholen
Dienste einführen
Pausenaufstellplatz vereinbaren
Hefte/Bücher beschriften und markieren/einbinden
Stundenplan gemeinsam besprechen
Zeugnisse kontrollieren
Einladung zum 1. Elternabend und Wahl der Klassenelternsprecher
Termine bekannt geben: Fahrradprüfung, Schwimmen,Schulbücherei, …

MATERIAL FÜR KLASSENZIMMER

Spiele bereitstellen
Lernmaterialien einräumen/auswählen
Freiarbeitsmaterial
Regale aufstellen
Ablagen für Schülermaterial und Hefte im Klassenzimmer beschriften
Arbeitsmittel bestellen und lagern (z. B. Zeichenpapier, ...)
Zeitungen bereitlegen
Schrank einräumen
Blumen
Bücher
Schreibmaschinen/Computer
OHP/Kassettenrekorder/Diaprojektor/CD-Player testen
Reißnägel, Klebestreifen, Kreiden, Stifte, Etiketten, …
Verkehrserziehungsordner ausleihen

DID. – METH. VORBEREITUNGEN

Namenskärtchen basteln
Klassenzimmergestaltung (Bilder, Gemeinschafts-werk, z. B. Ballons, Schiffe, ...)
Geburtstagskalender aufhängen
Tokenliste (FA, HA, Mitarbeit) Pos. Verstärkung
Hefteinträge ausprobieren und besprechen
Lineatur besprechen
1. HE in HSU zu Klassenregeln und -diensten
Kontrollverfahren für HA besprechen
Gesprächs- und Klassenregeln vereinbaren
Gruppenarbeit einführen → Liste
Klassendienste besprechen
Freiarbeitsregeln vereinbaren
Klassenbücherei beginnen
gelungene Hefteinträge präsentieren
Sitzordnung besprechen und festlegen
1. Soziogramm erstellen
Ferienerlebnisse kreativ verarbeiten
Ausblick auf neues Schuljahr geben
Gesprächskreis einführen
Erwartungen eruieren
Vorleseaktionen mit Uhr
Kennenlernspiele (falls nötig)
1. Sportstunde: Wer kennt sich noch aus?
Klassensprecher – Wahl
ABs mit Selbstkontrolle einführen

SONSTIGES

A_Vorbereitung_des_Schuljahres/01_Checkliste_für_den_Schuljahresanfang.doc

Joachim Schnabel: Das Schuljahr im Griff © Auer Verlag GmbH, Donauwörth

Elternfragebogen

Name des Kindes: _____   Geburtsdatum: _____

Adresse: _____

Telefon: _____

Staatsangehörigkeit: _____

Name/Ort des Kindergartens: _____

Dauer des Kindergartenbesuchs: _____   Eintrittsalter: _____

---

1. Wie verlief die Geburt?

☐ normal

☐ Komplikationen

Wenn Komplikationen, welche?

_____

---

2. Körperliche Entwicklung

a) Ist Ihr Kind gekrabbelt?   ☐ ja   ☐ nein

b) Wann hat Ihr Kind laufen gelernt?   _____

c) Sonstige Auffälligkeiten?   _____

_____

---

3. Krankheiten, Beeinträchtigungen, Behinderungen

a) Trägt/Trug Ihr Kind eine Brille?   ☐ ja   ☐ nein

b) Sonstige Augenerkrankungen?   _____

_____

c) Trägt/Trug Ihr Kind ein Hörgerät?   ☐ ja   ☐ nein

d) Sonstige Gehörerkrankungen?   _____

_____

e) Liegt eine chronische Erkrankung vor?   ☐ ja   ☐ nein

Wenn ja, welche?

_____

f) Nimmt Ihr Kind regelmäßig Medikamente ein? ☐ ja   ☐ nein

Wenn ja, welche? _____

g) Welche Kinderkrankheiten hatte Ihr Kind? _____

_____

_____

h) Erfolgte Operationen: _____

_____

_____

i) Sonstige Anmerkungen/Auffälligkeiten? _____

_____

_____

4. Sprachentwicklung

a) Wann hat Ihr Kind sprechen gelernt? _____

b) Spricht Ihr Kind folgende Laute <u>nicht</u> richtig? Bitte ankreuzen.

☐ s ☐ sch ☐ schr ☐ z ☐ g/k ☐ kr/gr ☐ r ☐ ng/m

c) Ist/War Ihr Kind in logopädischer Behandlung? ☐ ja ☐ nein

d) Besucht/Besuchte Ihr Kind eine schulvorbereitende Einrichtung (SVE)? ☐ ja ☐ nein

e) Sonstige Anmerkungen/Auffälligkeiten? _____

_____

5. Sprech- und Sprachverhalten

a) Wächst Ihr Kind mehrsprachig auf? ☐ ja ☐ nein

Wenn ja, welche Sprache/n? _____

In welcher Sprache sprechen Sie zu Hause überwiegend? _____

Vater: _____ Mutter: _____

b) Erzählt/Berichtet Ihr Kind gern? _____

☐ von sich aus ☐ erst nach Aufforderung ☐ nein

c) Bedauern Sie es manchmal, nicht mehr Zeit für Gespräche mit Ihrem Kind zu haben?

☐ ja ☐ nein

6. Leseverhalten

a) Schaut Ihr Kind gern Bilderbücher an? ☐ ja ☐ nein

b) Lässt sich Ihr Kind gern vorlesen? ☐ ja ☐ nein

c) Hört es beim Vorlesen konzentriert zu? ☐ ja ☐ nein

d) Fragt Ihr Kind beim Vorlesen nach, stellt es Bezüge zu Bildern her?

☐ ja ☐ nein

e) Interessiert sich Ihr Kind bereits für Buchstaben/Schriftzeichen?

☐ ja ☐ nein

7. Spielverhalten

Spielt Ihr Kind folgende Spiele gern? Bitte ankreuzen.

☐ Memory ☐ Domino ☐ Puzzle ☐ Flüsterspiele ☐ Reimspiele

☐ Klatschspiele ☐ Sing- und Bewegungsspiele

8. Möchten Sie noch Wichtiges bzgl. Ihres Kindes mitteilen?

_____

_____

_____

Vielen Dank für Ihre Unterstützung!

Ort, Datum: _____ Unterschrift: _____

Joachim Schnabel: Das Schuljahr im Griff © Auer Verlag GmbH, Donauwörth

Erklärung der Eltern

Name des Schülers/der Schülerin (mit Geburtsdatum):

_____

Name und Anschrift der Erziehungsberechtigten:

_____

_____

Telefonnummern für den Notfall tagsüber: _____ abends: _____

Mein Kind ist krankenversichert/mitversichert bei folgender **Krankenkasse:**

_____

Name des **Hauptversicherten** (mit Geburtsdatum):

_____

Für das Kind besteht eine **Haftpflichtversicherung:** ☐ ja ☐ nein

---

Falls das Wetter geeignet ist, darf mein Kind mit der Klasse unter Aufsicht der Lehrkräfte **in einem öffentlichen Schwimmbad baden:** ☐ ja ☐ nein

Mein Kind ist ☐ Schwimmer ☐ Nichtschwimmer

Angaben zum Gesundheitszustand des Kindes:

Bisherige **Erkrankungen** (Bitte Zutreffendes ankreuzen.):

- ☐ Lungenentzündung
- ☐ Herzmuskelentzündung
- ☐ Herzrhythmusstörungen
- ☐ Kreislaufschwäche
- ☐ Hautausschläge
- ☐ Nierenerkrankungen

- ☐ Magen-Darm-Erkrankungen
- ☐ Anfallsleiden
- ☐ Zuckerkrankheit
- ☐ Asthma/Bronchitis
- ☐ Pseudo-Krupp
- ☐ Lebensmittelunverträglichkeiten

Allergien gegen _____

Sonstige Erkrankungen: _____

_____

Welche **Medikamente** nimmt das Kind regelmäßig? _____

_____

Diese bitte beim Klassenlehrer abgeben und nur in seiner Gegenwart einnehmen lassen. (Pers. Rücksprache über Dosierung notwendig!)

Name und Anschrift des **Haus- oder Kinderarztes:** _____

_____

Telefon (mit Vorwahl): _____

Bisherige **Impfungen:**

- ☐ **Keuchhusten**
- ☐ **Kinderlähmung**
- ☐ **Diphterie**

- ☐ **Wundstarrkrampf**
- ☐ **FSME**
- ☐ **Masern/Mumps**

☐ Sonstige Impfungen: _____

Ort, Datum: _____ Unterschrift: _____

Fragebogen für Erzieher/-innen

Name des Kindes: _____ Geburtsdatum: _____

Name/Ort des Kindergartens: _____

Name des Erziehers/der Erzieherin: _____

Dauer des Kindergartenbesuchs: _____ Eintrittsalter: _____

1. Beobachtungen zu Grob- und Feinmotorik

a) Das Kind kann ...

☐ auf einer Linie laufen? ☐ rückwärts laufen? ☐ ein-/zweibeinig hüpfen?

☐ auf einem Bein stehen? ☐ die Beine überkreuzen? ☐ einen Ball rollen?

☐ einen Hampelmann? ☐ einen Ball fangen? ☐ einen Ball werfen?

b) Das Kind kann ...

☐ entlang einer Linie schneiden? ☐ altersgemäß malen?

☐ genau ausmalen? ☐ Formen nachzeichnen?

☐ einfache Lagebeziehungen erkennen?

c) Sonstige Anmerkungen/Auffälligkeiten? _____

_____

2. Sprech- und Sprachverhalten

a) Spricht das Kind folgende Laute nicht richtig?

☐ s ☐ sch ☐ schr ☐ z ☐ g/k ☐ kr/gr ☐ r ☐ ng/m

b) Erzählt/Berichtet das Kind gern?

☐ von sich aus ☐ erst nach Aufforderung ☐ nein

c) Versteht und befolgt es Aufforderungen? ☐ ja ☐ nein

Wenn nein, wo liegen Ihrer Meinung nach die Gründe?

_____

_____

_____

d) Wie schätzen Sie das Sprachvermögen des Kindes ein (Wortschatz, Satzbildungen, inhaltliche Vielfalt, ...)?

_____

_____

_____

_____

3. Leseverhalten

a) Schaut das Kind gern Bilderbücher an? ☐ ja ☐ nein

b) Lässt es sich gern vorlesen? ☐ ja ☐ nein

c) Hört es beim Vorlesen konzentriert zu? ☐ ja ☐ nein

d) Fragt das Kind beim Vorlesen nach, stellt es Bezüge zu Bildern her?

☐ ja ☐ nein

e) Kann das Kind eine Geschichte nacherzählen? ☐ ja ☐ nein

f) Interessiert sich das Kind bereits für Buchstaben/Schriftzeichen?

☐ ja ☐ nein

4. Spielverhalten

a) Spielt das Kind gern folgende Spiele? Bitte ankreuzen.

☐ Memory ☐ Domino ☐ Puzzle ☐ Flüsterspiele ☐ Reimspiel ☐ Klatschspiele

☐ Sing- und Bewegungsspiele ☐ Geräusche-Memory ☐ Silben klatschen

b) Lehnt das Kind einen besonderen Spielbereich ab? ☐ ja ☐ nein

Wenn ja, welche Gründe könnte dies Ihrer Meinung nach haben?

_____

_____

5. Sonstiges:

_____

_____

_____

_____

_____

_____

Vielen Dank für Ihre Unterstützung!

Ort, Datum: _____ Unterschrift: _____

Übersicht über Fehltage der Klasse im Schuljahr 20____ / 20____

Monat: _____

	1	2	3	4	5	6	7	8	9	10	11	12	13	14	15	16	17	18	19	20	21	22	23	24	25	26	27	28	29	30	31
1.																															
2.																															
3.																															
4.																															
5.																															
6.																															
7.																															
8.																															
9.																															
10.																															
11.																															
12.																															
13.																															
14.																															
15.																															
16.																															
17.																															
18.																															
19.																															
20.																															
21.																															
22.																															
23.																															
24.																															
25.																															
26.																															
27.																															
28.																															
29.																															
30.																															

Joachim Schnabel: Das Schuljahr im Griff © Auer Verlag GmbH, Donauwörth

Notenliste

Lehrkraft: _____

Klasse:

Fach: **Schuljahr:**

Namen	1. Halbjahr								ZZ	2. Halbjahr								JZ
1.																		
2.																		
3.																		
4.																		
5.																		
6.																		
7.																		
8.																		
9.																		
10.																		
11.																		
12.																		
13.																		
14.																		
15.																		
16.																		
17.																		
18.																		
19.																		
20.																		
21.																		
22.																		
23.																		
24.																		
25.																		
26.																		
27.																		
28.																		
29.																		
30.																		

Std.	Zeit	MONTAG	DIENSTAG	MITTWOCH	DONNERSTAG	FREITAG
Stundenplan der Klasse:			**Klasslehrer/in:**		**Schuljahr:**	
1.	8.00 – 8.45					
2.	8.45 – 9.30					
3.	9.45 – 10.30					
4.	10.30 – 11.15					
5.	11.30 – 12.15					
6.	12.15 – 13.00					
	13.00 – 14.00	**Mittagspause**				
7.	14.00 – 14.45					
8.	14.45 – 15.30					
9.	15.45 – 16.30					
10.	16.30 – 17.15					

Joachim Schnabel: Das Schuljahr im Griff © Auer Verlag GmbH, Donauwörth

MEIN STUNDENPLAN

Zeit	Montag	Dienstag	Mittwoch	Donnerstag	Freitag
8.00 – 8.45					
8.45 – 9.30					
9.45 – 10.30					
10.30 – 11.15					
11.30 – 12.15					
12.15 – 13.00					

Krankmeldung

Mein/e Tochter/Sohn

_____

kann/konnte am _____ wegen einer Erkrankung nicht am

Sport-/ Schwimmunterricht teilnehmen.

_____   _____
Datum   Unterschrift eines Erziehungsberechtigten

Krankmeldung

Mein/e Tochter/Sohn

_____

kann/konnte am _____ wegen einer Erkrankung nicht am

Sport-/ Schwimmunterricht teilnehmen.

_____   _____
Datum   Unterschrift eines Erziehungsberechtigten

Krankmeldung

Mein/e Tochter/Sohn

_____

kann/konnte am _____ wegen einer Erkrankung nicht am

Sport-/ Schwimmunterricht teilnehmen.

_____   _____
Datum   Unterschrift eines Erziehungsberechtigten

Krankmeldung

Mein/e Tochter/Sohn

_____

kann/konnte am _____ wegen einer Erkrankung nicht am

Sport-/ Schwimmunterricht teilnehmen.

_____   _____
Datum   Unterschrift eines Erziehungsberechtigten

Joachim Schnabel: Das Schuljahr im Griff © Auer Verlag GmbH, Donauwörth

Anmeldung zur Elternsprechstunde

Ich/Wir würde/n gern am _____, den _____

um _____ Uhr

in Ihre Elternsprechstunde kommen.

Name des Kindes: _____

_____
Datum

_____
Unterschrift eines Erziehungsberechtigten

Anmeldung zur Elternsprechstunde

Ich/Wir würde/n gern am _____, den _____

um _____ Uhr

in Ihre Elternsprechstunde kommen.

Name des Kindes: _____

_____
Datum

_____
Unterschrift eines Erziehungsberechtigten

Anmeldung zur Elternsprechstunde

Ich/Wir würde/n gern am _____, den _____

um _____ Uhr

in Ihre Elternsprechstunde kommen.

Name des Kindes: _____

_____
Datum

_____
Unterschrift eines Erziehungsberechtigten

Anmeldung zur Elternsprechstunde

Ich/Wir würde/n gern am _____, den _____

um _____ Uhr

in Ihre Elternsprechstunde kommen.

Name des Kindes: _____

_____
Datum

_____
Unterschrift eines Erziehungsberechtigten

Entschuldigung

Datum: _____

Hiermit möchte ich mein/möchten wir **unser Kind** _____

vom _____ bis (voraussichtlich) _____ vom Schulunterricht

wegen   ☐ Krankheit: _____

        ☐ _____

_____

entschuldigen.

_____
Unterschrift eines Erziehungsberechtigten

Entschuldigung

Datum: _____

Hiermit möchte ich mein/möchten wir **unser Kind** _____

vom _____ bis (voraussichtlich) _____ vom Schulunterricht

wegen   ☐ Krankheit: _____

        ☐ _____

_____

entschuldigen.

_____
Unterschrift eines Erziehungsberechtigten

Joachim Schnabel: Das Schuljahr im Griff © Auer Verlag GmbH, Donauwörth

_____. Elternabend am _____

Thema: _____

Begrüßung und **Vorstellung** (der Gäste: LAAin; Studenten; Referenten; Experten; …)

Ablauf/Programm des Elternabends vorstellen (Folie, Flipchart) – Zeitplanung besprechen

---

Sammeln **offener Fragen** an einer Flipchart / Tafel / Folie …

„Pädagogische Rede" halten: Bedeutung und Einordnung des Themas in einen größeren Bedeutungszusammenhang für die Schüler, Eltern, Lehrer, Schule, Gesellschaft, …

Input:
Fachinhalte kurz, prägnant, übersichtlich und strukturiert darbieten (Moderationskarten, PowerPoint, Folien, …

Zwischenfragen zulassen und ggf. sofort beantworten oder ebenfalls sammeln (Fragenspeicher)

Aktivierung der Eltern durch Gesprächsformen, Materialien, Informationsmaterial, …; möglichst in Kleingruppen (4-6 Eltern)

Präsentation der Einzelinformationen durch Elterngruppen (Plakatgalerie, …)

Aufzeigen der Konsequenzen für Schule und Elternhaus aus pädagogischer, psychologischer, didaktischer und methodischer Sicht → Dokumentieren der konkreten Handlungsschritte und der jeweiligen Verantwortlichkeit (Stellwand, Tafel, …)

Klären der **Formalia** (unter Rückgriff auf die Fragen, s. o.)

Konkrete Zielvereinbarungen mit klaren Verantwortlichkeiten und Terminen diskutieren und dokumentieren

---

Appell an gute Kooperation – Zukunftsperspektiven

Aufgreifen der noch offenen Fragen: ggf. Beantwortung, Verweis auf Besprochenes; ggf. neuer Themen-Elternabend

---

Dank an gute Atmosphäre und Mitarbeit – **Verabschiedung**

Wer ist eigentlich bei mir in der Klasse????

Vorname: _____

Familienname: _____

Straße: _____

Wohnort: _____

Telefon: _____

Beruf deines Vaters: _____

Beruf deiner Mutter: _____

Wie viele Geschwister hast du? (Alter) _____

Wo machst du deine Hausaufgaben? _____

Wie viel Zeit brauchst du für deine Hausaufgaben? _____

Beschreibe dein Zimmer:

_____

_____

In welchen Vereinen oder Gruppen bist du?

_____

_____

Berichte über **zwei** deiner Hobbies:

_____

_____

_____

Nenne dein Lieblingsbuch: _____

Nenne deinen Lieblingsfilm: _____

Joachim Schnabel: Das Schuljahr im Griff © Auer Verlag GmbH, Donauwörth

Nenne deine Lieblingsband: _____

Welche der folgenden Dinge hast du in deinem Zimmer? Kreuze an.

☐ Kassettenrekorder ☐ Fotoapparat

☐ CD-Player ☐ Fernseher

☐ Computer ☐ Internetanschluss

☐ Gameboy/Playstation ☐ Videorekorder/DVD-Player

Wie oft benutzt du die einzelnen Geräte?

_____

Was erwartest du von deinen Lehrern?

_____

_____

Welche Unterrichtsfächer magst du gern?

_____

Welche Fächer magst du nicht? Warum?

_____

_____

_____

Was möchtest du mal werden? (Beruf) _____

Mit welchen Mitschülern kannst du gut arbeiten?

_____

Dankeschön!

Joachim Schnabel: Das Schuljahr im Griff © Auer Verlag GmbH, Donauwörth

Lesefragebogen

1. Was tust du in deiner Freizeit am liebsten?
- ☐ Fernsehen
- ☐ Radio, Schallplatten, Kassetten, CDs hören
- ☐ PC/PS spielen
- ☐ Lesen
- ☐ Spielen

2. Liest du auch gerne?
- ☐ nie
- ☐ manchmal
- ☐ oft

3. Was liest du am liebsten?
_____
_____
_____
_____

4. Welche Bücher liest du am liebsten?
- ☐ lustige
- ☐ spannende
- ☐ wahre Geschichten
- ☐ erfundene Geschichten
- ☐ mit vielen Bildern
- ☐ Bilder sind nicht so wichtig
- ☐ mit vielen Seiten
- ☐ mit wenigen Seiten
- ☐ mit _____

5. Wie viele Bücher hast du ungefähr zu Hause? _____

Nenne einige Titel: _____
_____

6. Wie viele Bücher liest du ungefähr in einem Monat? _____

7. Woher bekommst du die Bücher?
- ☐ Ich kaufe sie selbst.
- ☐ Ich bekomme sie geschenkt. Von wem? _____
- ☐ Ich leihe sie mir aus. Von wem? _____
- ☐ Ich tausche sie. Mit wem? _____

Joachim Schnabel: Das Schuljahr im Griff © Auer Verlag GmbH, Donauwörth

8. **Was findest du an den Büchern besonders gut?**
   ☐ Sie sind spannend.
   ☐ Sie sind lustig.
   ☐ Man kann viel daraus lernen.
   ☐ Sie sehen gut aus.

   _____

9. Was sagen deine Eltern, wenn du liest?

   _____

   _____

10. Möchtest du in der Schule neue Bücher kennenlernen?

   _____

11. Würdest du dich gern mit deinen Klassenkameraden über den Inhalt dieser Bücher unterhalten?

   _____

   _____

12. Welche Zeitschriften für Kinder kennst du?

   _____

   _____

Was gefällt dir in Kinderzeitschriften besonders gut?

   _____

   _____

13. Warst du schon einmal in einer Bücherei?

   _____

   _____

Was musst du tun, wenn du dir ein Buch ausleihst?

   _____

   _____

SCHÜLERBEOBACHTUNG

NAME: _____

KLASSE: _____ SCHULJAHR: _____

Familienname:

Vorname:

Geburtsdatum:

Geburtsort:

FAMILIENSITUATION
Eltern, Geschwister, Interesse an der Schule

KÖRPERLICHE VERFASSUNG
Krankheiten, Auffälligkeiten, Anfälligkeiten

CHARAKTEREIGENSCHAFTEN
Selbstwertgefühl, Selbstvertrauen, emotionale Stabilität, Steuerung

---

BESONDERE
Interessen, Neigungen, Begabungen

BESONDERE
Schwächen, Schwierigkeiten

Joachim Schnabel: Das Schuljahr im Griff © Auer Verlag GmbH, Donauwörth

GEISTIGE FÄHIGKEITEN
Auffassungs-, Beobachtungs-, Denk- und Vorstellungsvermögen, Gedächtnis- und Lernfähigkeit, Sprachverhalten

DATUM	VERHALTEN	PÄDAGOGISCHE MAßNAHME	ERFOLG

ARBEITSVERHALTEN
Arbeits- und Leistungsbereitschaft, Arbeitshaltung, -tempo, -ausführung

DATUM	VERHALTEN	PÄDAGOGISCHE MAßNAHME	ERFOLG

SOZIALVERHALTEN
Stellung in der Klasse, Gruppenfähigkeit, Kontakt-, Konflikt- und Kritikfähigkeit, Kooperationsfähigkeit

DATUM	VERHALTEN	PÄDAGOGISCHE MAßNAHME	ERFOLG

FREIE BEOBACHTUNG

DATUM	VERHALTEN	PÄDAGOGISCHE MAßNAHME	ERFOLG
DATUM	VERHALTEN	PÄDAGOGISCHE MAßNAHME	ERFOLG

C_Während_des_Schuljahres/a_Schülerbeobachtung/01_Schülerbeobachtung_allgemein.doc

ELTERNKONTAKTE

DATUM	KONTAKT-SUCHENDE PERSON	GESPRÄCHSANLASS	ÄNDERUNG

Beobachtetes Verhalten	Interpretation	pädagogische Maßnahme/ Konsequenz	Erfolg
GEISTIGE FÄHIGKEITEN 1. Auffassungs-/Beobachtungsgabe 2. Gedächtnis/Lernfähigkeit 3. Denk- und Vorstellungsvermögen 4. Problemlösefähigkeit 5. Sprachverhalten			
LERN- und ARBEITSVERHALTEN 6. **Interesse und Motivation** (=Leistungs- und Arbeitsbereitschaft, Offenheit, Neugier) 7. **Konzentration und Ausdauer** (=Arbeitshaltung, Lerneifer, Anstrengungsbereitschaft) 8. **Lern- und Arbeitsweise** (Fertigkeiten, Techniken, Selbständigkeit, Organisation, Präsentation, Verlässlichkeit, Qualität, Arbeitstempo, Produktivität)			
SOZIALVERHALTEN 9. **Soziale Verantwortung** (Hilfsbereitschaft, Toleranz, Regeleinhaltung, soziale Verlässlichkeit) 10. **Kooperationsfähigkeit** (Kontaktfähigkeit i. d. Gruppe/Klasse, Stellung i. d. Gruppe/Klasse, Einfühlungsvermögen, Teamfähigkeit) 11. **Kommunikationsfähigkeit** (Gesprächsverhalten, aktives Zuhören, Aufgeschlossenheit gegenüber anderen Meinungen, Kritikfähigkeit, Selbst- und Fremdkritik) 12. **Konfliktfähigkeit** (Selbsteinschätzung, Kompromissbereitschaft, Konfliktlösefähigkeit)			

MITARBEIT IM UNTERRICHT (beobachtet am _____   im Fach _____)

□	□	□	□	□
* arbeitet bei jedem Thema mit * ist sehr intensiv beteiligt * übernimmt zusätzliche Aufgaben * meldet sich sehr oft, auch wenn er/sie manchmal keine richtige Antwort weiß	* arbeitet regelmäßig mit * meldet sich oft * gibt ausführliche Antworten * stellt interessierte Fragen * äußert anregende Kommentare	* beteiligt sich am U. * meldet sich * gibt ausreichende Antworten bzw. Äußerungen * ist manchmal mit anderen Dingen beschäftigt * stellt auch interessierte Fragen	* meldet sich üblicherweise nicht von alleine * weiß meistens, worum es geht, wenn er/sie aufgerufen wird * redet wenig, wenn er/sie aufgerufen wird	* ist meistens mit anderen Dingen beschäftigt * weiß häufig nicht, worum es geht, wenn er/sie aufgerufen wird * gibt oft falsche Antworten, wenn er/sie aufgerufen wird

SCHÜLERBEOBACHTUNG
Individual-, Arbeits- und Sozialverhalten

Name:	Datum:	Schuljahr:	Klasse:

Auffassung/Denk- und Vorstellungsvermögen		
Konzentrationsfähigkeit		
Gedächtnis-/Lernfähigkeit		
Problemlösefähigkeit		

Sprache		

Lern- und Arbeitsverhalten		
Interesse u. Motivation		
Konzentration u. Ausdauer		
Lern- u. Arbeitsweise (Fertigkeiten, Techniken, Selbstständigkeit, Organisation, Präsentation, Verlässlichkeit, Qualität, Arbeitstempo, Produktivität)		
Mitarbeit		

Sozialverhalten		
Soziale Verantwortung		
Kooperationsfähigkeit		
Kommunikationsfähigkeit		
Konfliktfähigkeit		

Sonstige Beobachtungen		

Leistungsprofil der Klasse im Überblick – Einteilung nach Leistungsgruppen

Schuljahr:

Klasse:	MATHE Arithmetik			MATHE Geometrie			DEUTSCH Rechtschreiben			DEUTSCH Lesen			DEUTSCH Texte verfassen			HEIMAT- UND SACH- UNTERRICHT			SPORT			KUNST/ MUSIK		
	+	o	–	+	o	–	+	o	–	+	o	–	+	o	–	+	o	–	+	o	–	+	o	–
1.																								
2.																								
3.																								
4.																								
5.																								
6.																								
7.																								
8.																								
9.																								
10.																								
11.																								
12.																								
13.																								
14.																								
15.																								
16.																								
17.																								
18.																								
19.																								
20.																								
21.																								
22.																								
23.																								
24.																								
25.																								
26.																								
27.																								
28.																								

C_Während_des_Schuljahres/a_Schülerbeobachtungen/04_Leistungsprofil der Klasse.doc

Joachim Schnabel: Das Schuljahr im Griff © Auer Verlag GmbH, Donauwörth

Diagnosebogen
zu den Grundrechenarten

MATHE

Name:	geboren am	Klasse:
Beobachtungsdatum:	Beobachter:	

Leistungsmerkmale	Grad der Beherrschung				Zeit	
Das Kind kann ...	meist sicher	ausreichend	mit Material	mit Lehrerhilfe	rasch	langsam

Grundrechenarten

⇒	aus einer Situation/einem Bild den mathematischen Sachverhalt der Addition ableiten und diesen mit eigenen Worten benennen.						
⇒	zum o. g. Sachverhalt die Plusaufgabe richtig aufschreiben.						
⇒	aus einer Situation/einem Bild den mathematischen Sachverhalt der Subtraktion ableiten und diesen mit eigenen Worten benennen.						
⇒	zum o. g. Sachverhalt die Minusaufgabe richtig aufschreiben.						
⇒	Kopfrechenaufgaben zur Addition im Zahlenraum bis 10 lösen.						
⇒	Kopfrechenaufgaben zur Subtraktion im Zahlenraum bis 10 lösen.						
⇒	Kopfrechenaufgaben zur Addition im Zahlenraum bis 20 lösen.						
⇒	Kopfrechenaufgaben zur Subtraktion im Zahlenraum bis 20 lösen.						
⇒	die Subtraktion als Umkehrung der Addition erkennen und anwenden.						
⇒	die Addition als Umkehrung der Subtraktion erkennen und anwenden.						
⇒	die Verdoppelungsaufgaben in den beiden ersten Zehnern lösen.						
⇒	die Struktur von operativen Aufgaben erkennen, indem es die Aufgabenfolge weiterführt.						
⇒	die Struktur von operativen Aufgaben versprachlichen.						
⇒	Tauschaufgaben lösen.						
⇒	eine Plusaufgabe sowie die Tauschaufgabe lösen und die jeweiligen Umkehraufgaben dazu bilden.						
⇒	Additionsaufgaben mit ganzen Zehnern lösen.						
⇒	Subtraktionsaufgaben mit ganzen Zehnern lösen.						
⇒	Additionsaufgaben ZE + ZE ohne Zehnerübergang lösen.						
⇒	Additionsaufgaben ZE + ZE mit Zehnerübergang lösen.						
⇒	Subtraktionsaufgaben ZE – ZE ohne Zehnerübergang lösen.						
⇒	Subtraktionsaufgaben ZE – ZE mit Zehnerübergang lösen.						
⇒	aus einer Situation/einem Bild den mathematischen Sachverhalt der Multiplikation ableiten und diesen mit eigenen Worten benennen.						
⇒	zum o. g. Sachverhalt die Multiplikationsaufgabe richtig aufschreiben.						
⇒	aus einer Situation/einem Bild den mathematischen Sachverhalt der Division ableiten und diesen mit eigenen Worten benennen.						
⇒	zum o. g. Sachverhalt die Divisionsaufgabe richtig aufschreiben.						
⇒	die Multiplikation als Umkehrung der Division erkennen und anwenden.						
⇒	die Division als Umkehrung der Multiplikation erkennen und anwenden.						
⇒	eine Malaufgabe in eine Plusaufgabe umwandeln und umgekehrt.						
⇒	die Kernaufgaben der Einmaleinsreihen 2, 4, 8, 5, 10 richtig nennen.						
⇒	alle Aufgaben der o. g. Einmaleinsreihen richtig nennen.						
⇒	die Kernaufgaben der Einmaleinsreihen 3, 6, 7, 9 richtig nennen.						
⇒	die Divisionen aus den Kernaufgaben der o. g. Einmaleinsreihen richtig lösen.						
⇒	alle Aufgaben der o. g. Einmaleinsreihen richtig nennen.						
⇒	die Divisionen aus den Kernaufgaben der o. g. Einmaleinsreihen richtig lösen.						
⇒	Multiplikationsaufgaben mit einer zweistelligen Zahl lösen.						
⇒	aus Multiplikationsaufgaben Divisionsaufgaben ableiten und richtig aufschreiben.						

Anmerkungen:

Diagnosebogen
zu Grundrechenarten, Sachaufgaben, Größen und Geometrie

MATHE

Name:	geboren am	Klasse:
Beobachtungsdatum:	Beobachter:	

Leistungsmerkmale ## Das Kind kann ...	Grad der Beherrschung		
	sicher und selbstständig	teils sicher und selbstständig	unsicher und nur mit Hilfen
Grundrechenarten			
⇒ aus einer Situation/einem Bild einen mathematischen Sachverhalt ableiten und die angemessene(n) Rechenoperation(en) zuordnen/benennen.			
⇒ ☐ einfache/☐ komplexe Kopfrechenaufgaben ☐ ohne Übergänge/☐ mit Übergängen lösen.			
⇒ die Division als Umkehrung der Mulitplikation erkennen und anwenden und umgekehrt.			
⇒ die Subtraktion als Umkehrung der Addition erkennen und anwenden und umgekehrt.			
⇒ die Umkehrrelation zu ☐ additiven/☐ multiplikativen Aufgaben ausführen (Umkehraufgaben lösen).			
⇒ Tauschaufgaben lösen.			
⇒ ☐ einfache/☐ komplexe Additionsaufgaben lösen.			
⇒ ☐ einfache/☐ komplexe Subtraktionsaufgaben lösen.			
⇒ ☐ einfache/☐ komplexe Multiplikationsaufgaben lösen.			
⇒ ☐ einfache/☐ komplexe Divisionsaufgaben lösen.			
⇒ die Bedeutung des Malnehmens als verkürzte Addition versprachlichen.			
⇒ alle Einmaleinsreihen, bzw. folgende Einmaleinsreihen auswendig: _____.			
Sachaufgaben			
⇒ die Sachsituation mit eigenen Worten verbalisieren.			
⇒ Begriffe aus dem Text in mathematische Operationen umsetzen.			
⇒ sinnvolle Rechenfrage(n) finden.			
⇒ das richtige Zahlenmaterial isolieren.			
⇒ die Antwort auf die Rechenfrage(n) beziehen.			
⇒ Überschläge ausführen.			
⇒ bei Komplexaufgaben die Rechnungen in der richtigen Reihenfolge ausführen.			
⇒ aus ☐ Schaubildern/☐ Tabellen/☐ Fahrplänen die richtigen Informationen entnehmen.			
⇒ Terme in Wortform in mathematische Operationen umsetzen und lösen.			
Größen:			
_____			
⇒ Maßeinheiten (_____) richtig verwenden.			
⇒ Maßeinheiten umwandeln.			
⇒ Maßeinheiten in Kommaschreibweise schreiben.			
⇒ mit Maßzahlen rechnen.			
Geometrie			
⇒ symmetrische Formen erkennen und ☐ Spiegelachsen einzeichnen.			
⇒ selbst symmetrische Formen produzieren.			
⇒ ☐ Formen benennen/☐ Körper benennen.			
⇒ zwischen Flächen und Körper unterscheiden.			
⇒ aus der Vorstellung Flächen, Kanten und Ecken eines Körpers benennen.			
⇒ aus Einzelkörpern komplexe Körper, z. B. Würfelgebäude aufbauen.			
⇒ Körper in Netze überführen ☐ Würfel/☐ Quader/☐ Pyramide(n)/☐ Prisma/☐ Zylinder/☐ Kegel.			
⇒ Körper aus verschiedenen Ansichten zeichnen.			
⇒ ☐ Umfangs-/☐ Flächeninhalts-/☐ Raumberechnungen ausführen.			

Joachim Schnabel: Das Schuljahr im Griff © Auer Verlag GmbH, Donauwörth

Diagnosebogen
zu Zahlaufbau und Zahlverständnis
im Zahlenraum bis _____

MATHE		

Name:	geboren am	Klasse:
Beobachtungsdatum:	**Beobachter:**	

Leistungsmerkmale **Das Kind kann ...**	Grad der Beherrschung		
	sicher und selbstständig	teils sicher und selbstständig	unsicher und nur mit Hilfen
Mathematische Grundfähigkeiten			
⇒ unstrukturierte Mengen bis _____ simultan erfassen.			
⇒ Mengen abzählen und Zahlen zuordnen (= Äquivalenzmengenbildung: Menge-Zahl-Zuordnung).			
⇒ Mengen gleicher Mächtigkeit einander zuordnen.			
⇒ Mengen nach folgenden Merkmalen klassifizieren: (= Klassifikation) _____.			
⇒ im betreffenden Zahlenraum Reihungen ausführen (= Seriation).			
⇒ Reihungen ausführen, die über den betreffenden Zahlenraum hinausgehen (bis _____).			
⇒ Mengen strukturieren (= Strukturierung).			
Zahlaufbau und Zahlenraum bis _____			
⇒ Zahlen im ersten Zehner in zwei Summanden zerlegen.			
⇒ Zahlen bis _____ in zwei Summanden zerlegen.			
⇒ Zahlen als konkrete Menge darstellen.			
⇒ Zahlen ikonisch darstellen.			
⇒ in Ziffern geschriebene Zahlen lesen.			
⇒ in Worten geschriebene Zahlen lesen.			
⇒ diktierte Zahlen frei aufschreiben.			
⇒ diktierte Zahlen in die Stellenwerttafel eintragen.			
⇒ Zahlen mit Nullen richtig schreiben und lesen.			
⇒ aus einer vorgegebenen Anzahl an Ziffern verschiedene Zahlen bilden.			
⇒ Vorgänger und Nachfolger einer Zahl bestimmen.			
⇒ Nachbarzehner bestimmen.			
⇒ Nachbarhunderter bestimmen.			
⇒ Nachbartausender bestimmen.			
⇒ Zahlenfolgen erkennen und weiterführen.			
⇒ die Regel einer Zahlenfolge verbalisieren.			
⇒ mehrere Zahlen der Größe nach aufsteigend ordnen.			
⇒ mehrere Zahlen der Größe nach absteigend ordnen.			
⇒ Zahlen mit den Rechenzeichen <, >, = vergleichen.			
⇒ Zahlen auf dem Hunderterfeld identifizieren.			
⇒ Zahlen auf dem Tausenderfeld identifizieren.			
⇒ eine Zahl am Zahlenstrahl bis _____ erkennen.			
⇒ eine Zahl bis _____ am Zahlenstrahl eintragen.			
⇒ Zahlen auf den Zehner runden.			
⇒ Zahlen auf den Hunderter runden.			
⇒ Zahlen auf den Tausender runden.			
⇒ Zahlen auf _____ runden.			

Anmerkungen:

Diagnosebogen zum Sachrechnen

MATHE

Name:	geboren am	Klasse:
Beobachtungsdatum:	Beobachter:	

Leistungsmerkmale **Das Kind kann ...**	Grad der Beherrschung		
	sicher und selbstständig	teils sicher und selbstständig	unsicher und nur mit Hilfen
Informationsentnahme			
⇒ Informationen aus Handlungen/Rollenspielen entnehmen.			
⇒ Informationen aus Erzählungen entnehmen.			
⇒ Informationen aus Texten entnehmen.			
⇒ Informationen aus Schaubildern entnehmen.			
⇒ Informationen aus Tabellen entnehmen.			
⇒ Informationen aus Fahrplänen entnehmen.			
⇒ Sachsituationen mit eigenen Worten verbalisieren.			
⇒ Wesentliches und Unwesentliches unterscheiden/Schlüsselbegriffe finden.			
⇒ die Zuordnung Zahl-Sache korrekt vornehmen.			
Mathematische Interpretation von Sachsituationen			
⇒ Begriffe aus einem Text in mathematische Operationen umsetzen.			
⇒ sinnvolle Rechenfrage(n) finden.			
⇒ Zusammenhänge zeichnerisch darstellen.			
Entwicklung von Lösungswegen/Termen/Rechnungen			
⇒ das richtige Zahlenmaterial isolieren.			
⇒ Terme in Wortform in eine sinnvolle Abfolge von mathematischen Operationen umsetzen.			
⇒ Komplexaufgaben in einer logischen Reihenfolge rechnerisch ausführen.			
Rechnerische Durchführung			
⇒ die Grundrechenarten anwenden:			
➢ Addition.			
➢ Subtraktion.			
➢ Multiplikation.			
➢ Division.			
⇒ die halbschriftlichen Rechenverfahren anwenden:			
➢ Addition.			
➢ Subtraktion.			
➢ Multiplikation.			
➢ Division.			
⇒ die schriftlichen Rechenverfahren anwenden:			
➢ Addition.			
➢ Subtraktion.			
➢ Multiplikation.			
➢ Division.			
⇒ Zahlen den geforderten Größen korrekt zuordnen.			
⇒ Maßeinheiten umwandeln.			
⇒ runden und überschlagen.			
Darstellung von Lösungen/Ergebnissen:			
⇒ die Antwort auf die Rechenfrage beziehen.			
⇒ die Zahlen in der Antwort sinnvoll benennen.			
⇒ Ergebnisse zeichnerisch darstellen.			

Name:	geboren am	Klasse:
Beobachtungsdatum:	Beobachter:	

Testblatt zur halbschriftlichen Addition

<u>Hinweis</u>: Schreibe möglichst genau auf, wie du rechnest. Das Ergebnis schreibe bitte noch einmal links zu der passenden Aufgabe.

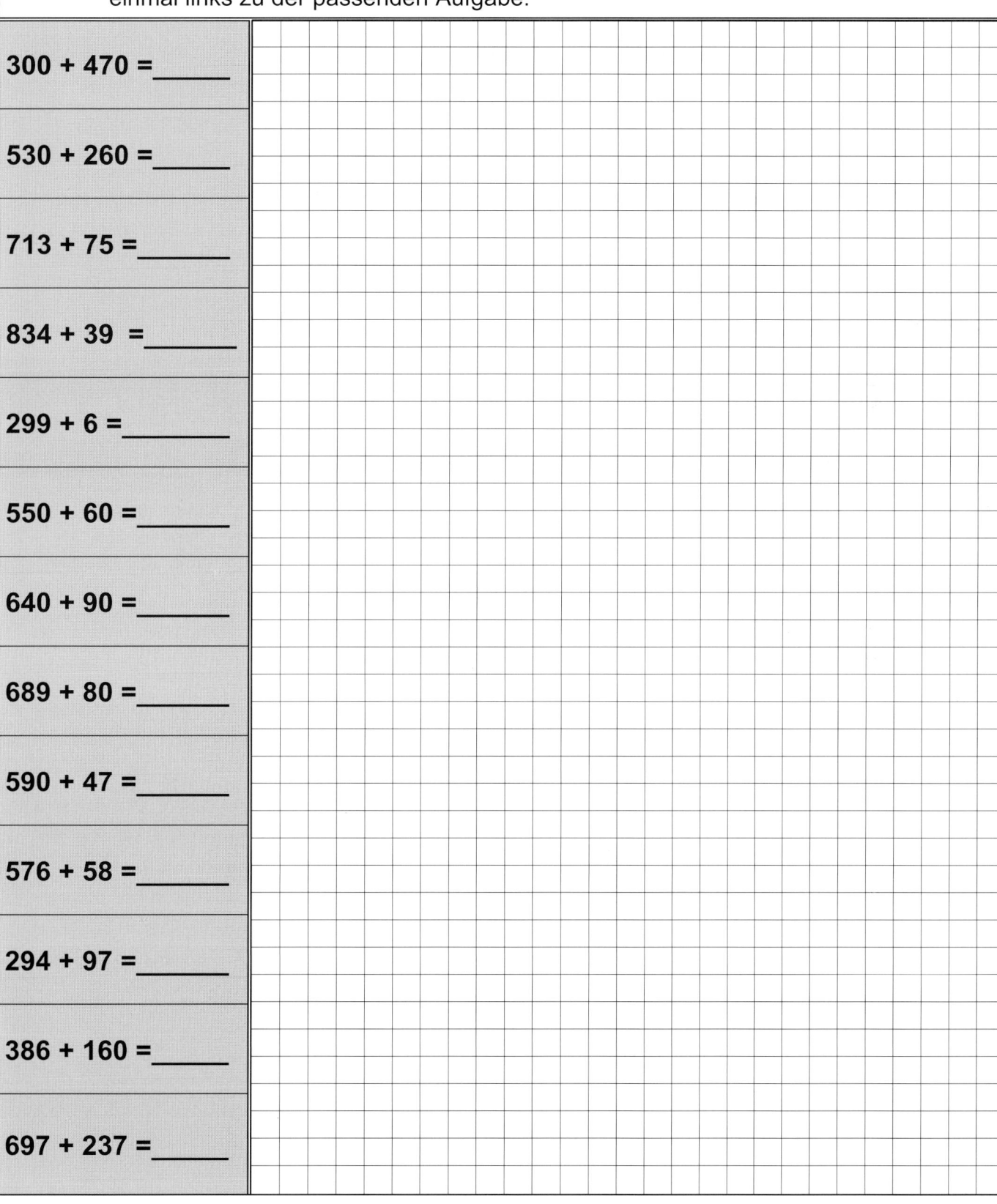

300 + 470 = _____

530 + 260 = _____

713 + 75 = _____

834 + 39 = _____

299 + 6 = _____

550 + 60 = _____

640 + 90 = _____

689 + 80 = _____

590 + 47 = _____

576 + 58 = _____

294 + 97 = _____

386 + 160 = _____

697 + 237 = _____

Lernstandsdiagnose
zur halbschriftlichen Addition (ZAHLENRAUM bis 1000)

MATHE

Name:	geboren am	Klasse:
Beobachtungsdatum:	Beobachter:	

Eine Möglichkeit, Lösungsstrategien von Schülern beim halbschriftlichen Addieren und Subtrahieren zu erkennen, ist die Darstellung des Lösungsweges auf einem leeren Zahlenstrahl.

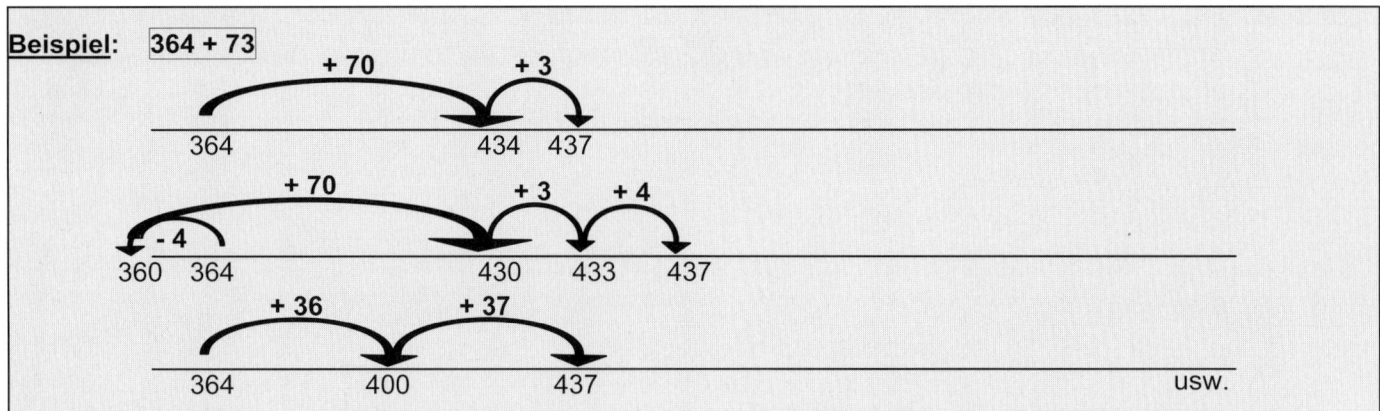

Beispiel: 364 + 73

Durch die vielfältigen Möglichkeiten des Rechenweges erhält der Lehrer einen Einblick in die Denkstrukturen seiner Schüler. Für die Subtraktion gilt Entsprechendes. Da dem Schüler aber auch die Möglichkeit gegeben werden soll, unabhängig vom leeren Zahlenstrahl seine Lösungsmöglichkeit(en) aufzuzeigen, kann der Lösungsweg auch frei notiert werden.

☞ **Der Lehrer sollte die in der Klasse übliche Darstellung des Lösungsweges fordern.**

Leistungsmerkmale **Das Kind kann ...**	Grad der Beherrschung		
	sicher und selbstständig	teils sicher und selbstständig	unsicher und nur mit Hilfen
folgende Aufgabentypen lösen:			
⇒ H + HZ ohne Stellenwertüberschreitung.			
⇒ HZ + HZ ohne Stellenwertüberschreitung.			
⇒ HZE + ZE ohne Hunderterüberschreitung.			
⇒ HZE + E mit Hunderterüberschreitung.			
⇒ HZ + Z mit Hunderterüberschreitung.			
⇒ HZE + Z mit Hunderterüberschreitung.			
⇒ HZ + ZE mit Hunderterüberschreitung.			
⇒ HZE + ZE mit Hunderterüberschreitung.			
⇒ HZE + HZ mit Hunderterüberschreitung.			
⇒ HZE + HZE mit Hunderterüberschreitung.			
Allgemeine Kriterien			
⇒ jeweilige Stellenwerte addieren.			
⇒ bei Überschreitung des Stellenwertes den niedrigeren Stellenwert in den nächsthöheren bündeln.			
⇒ sich die Größenordnung des Ergebnisses vorstellen.			
⇒ additive Lösungsmöglichkeiten verwenden.			
⇒ unterschiedliche Rechenwege benutzen.			
⇒ innerhalb der Lösung auch Subtraktionsschritte gebrauchen.			
⇒ der jeweiligen Aufgabe eine angepasste Lösung zuordnen.			
Anmerkungen:			

Joachim Schnabel: Das Schuljahr im Griff © Auer Verlag GmbH, Donauwörth

Lernstandsdiagnose
zum Normalverfahren der schriftlichen Addition

MATHE

Name:	geboren am	Klasse:
Beobachtungsdatum:	Beobachter:	

Testblatt zur schriftlichen Addition - ZAHLENRAUM bis 1000

	normal	unterschiedliche Stellenwerte	0 im 1. Summanden	0 im 2. Summanden
kein Übergang	2 4 2 + 4 2 5	3 7 4 + 2 5	8 0 7 + 1 6 2	4 3 7 + 2 0 1
1 Übergang	4 2 6 + 2 3 5	3 7 8 + 4 1	3 7 0 + 1 8 1	8 7 9 + 1 0 6
2 Übergänge	3 7 8 + 2 6 5	6 6 2 + 7 9	4 0 8 + 1 9 4	3 9 8 + 4 0 3
0 im Ergebnis	6 7 1 + 2 1 9	4 7 1 + 3 6	5 7 0 + 1 3 7	3 8 2 + 2 0 8
mehrgliedrige Aufgaben	431 + 278 + 123 =		223 + 6 + 78 =	

Leistungsmerkmale **Das Kind kann ...**	Grad der Beherrschung		
	sicher und selbstständig	teils sicher und selbstständig	unsicher und nur mit Hilfen
Normalverfahren der schriftlichen Addition			
⇒ die Summanden in Stellenwertschreibweise richtig untereinanderschreiben.			
⇒ die Rechenrichtung von rechts, beginnend bei der E-Stelle, nach links einhalten.			
⇒ die Rechenrichtung von unten nach oben bei jeder Stelle einhalten.			
⇒ alle Schritte des Algorithmus vollständig und in der richtigen Reihenfolge ausführen.			
Besonderheiten:			
⇒ Gemerkte an die nächste Stelle richtig übertragen und berücksichtigen.			
⇒ Aufgaben mit einem Gemerkten richtig lösen.			
⇒ Aufgaben mit zwei oder mehr Gemerkten richtig lösen.			
⇒ Aufgaben mit einer 0 im Ergebnis richtig lösen.			
⇒ Aufgaben mit Null im 1. Summanden richtig lösen.			
⇒ Aufgaben mit Null im 2. Summanden richtig lösen.			
⇒ Aufgaben mit unterschiedlicher Stellenzahl bei den Summanden richtig lösen.			
⇒ Aufgaben ohne Übergang richtig lösen.			
⇒ mehrgliedrige Aufgaben richtig lösen.			

Name:	geboren am	Klasse:
Beobachtungsdatum:	Beobachter:	

Testblatt zur halbschriftlichen Subtraktion

Hinweis: Schreibe möglichst genau auf, wie du rechnest. Das Ergebnis schreibe bitte noch einmal links zu der passenden Aufgabe.

480 - 230 =_____

574 - 63 =_____

891 - 28 =_____

800 - 54 =_____

702 - 6 =_____

430 - 40 =_____

960 - 90 =_____

430 - 62 =_____

426 - 80 =_____

528 - 35 =_____

215 - 96 =_____

345 - 160 =_____

427 - 278 =_____

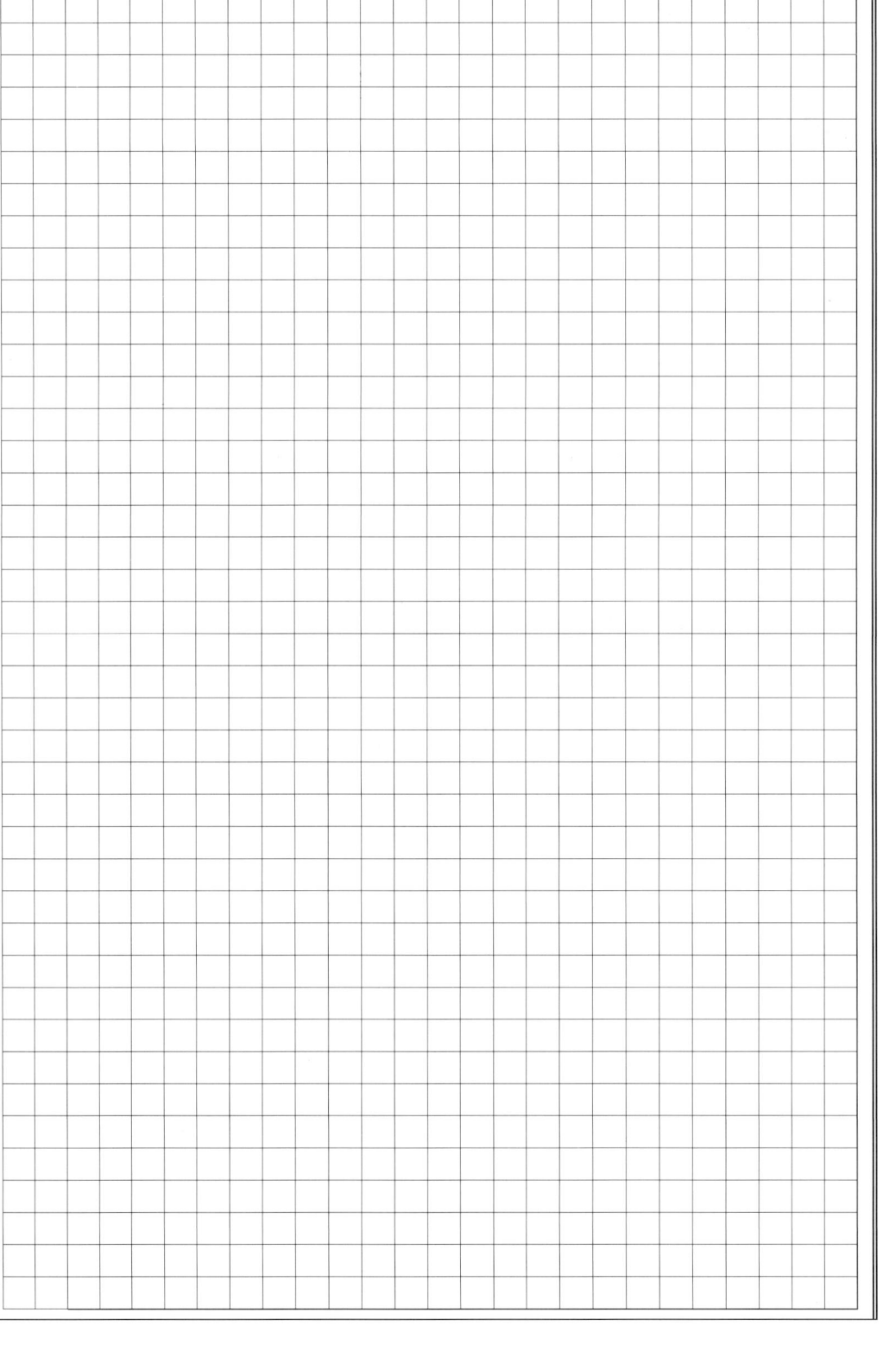

Lernstandsdiagnose

zur halbschriftlichen Subtraktion (ZAHLENRAUM bis 1000)

| **MATHE** |

Name:	geboren am	Klasse:
Beobachtungsdatum:	Beobachter:	

Eine Möglichkeit, Lösungsstrategien von Schülern beim halbschriftlichen Subtrahieren zu erkennen, ist die Darstellung des Lösungsweges auf einem leeren Zahlenstrahl.

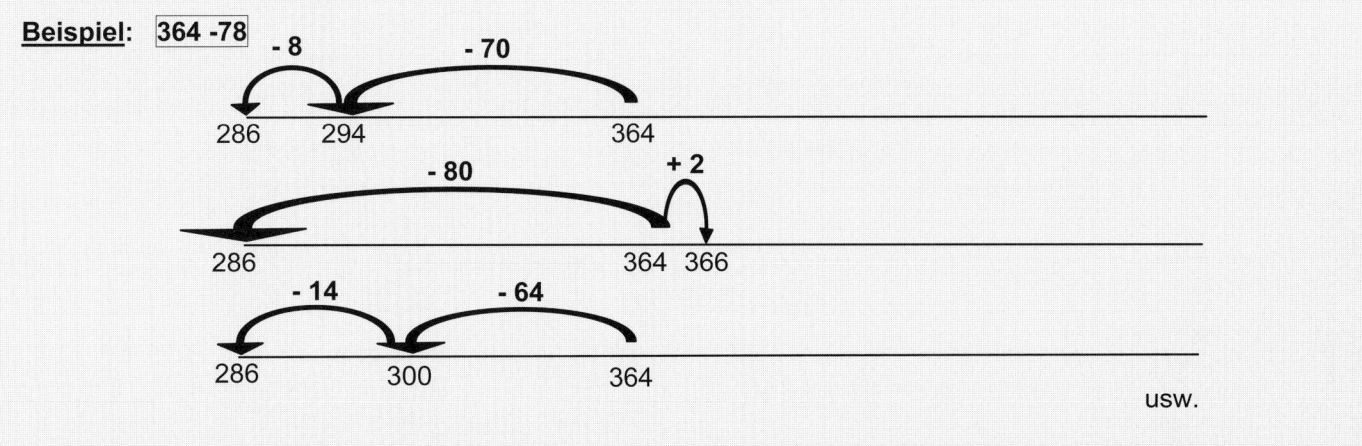

Durch die vielfältigen Möglichkeiten des Rechenweges erhält der Lehrer einen Einblick in die Denkstrukturen seiner Schüler. Für die Addition gilt Entsprechendes.

Da dem Schüler aber auch die Möglichkeit gegeben werden soll, unabhängig vom leeren Zahlenstrahl seine Lösungsmöglichkeit(en) aufzuzeigen, kann der Lösungsweg auch frei notiert werden.

☞ **Der Lehrer sollte die in der Klasse übliche Darstellung des Lösungsweges fordern.**

Leistungsmerkmale **Das Kind kann ...**	Grad der Beherrschung		
	sicher und selbstständig	teils sicher und selbstständig	unsicher und nur mit Hilfen
folgende Aufgabentypen lösen:			
⇒ HZ – HZ ohne Stellenwertüberschreitung.			
⇒ HZE – ZE ohne Hunderterüberschreitung.			
⇒ H – ZE.			
⇒ HZE – E mit Hunderterüberschreitung.			
⇒ HZ – Z mit Hunderterüberschreitung.			
⇒ HZ – ZE mit Hunderterüberschreitung.			
⇒ HZE – Z mit Hunderterüberschreitung.			
⇒ HZE – ZE mit Hunderterüberschreitung.			
⇒ HZE – HZ mit Hunderterüberschreitung.			
⇒ HZE – HZE mit Hunderterüberschreitung.			
Allgemeine Kriterien			
⇒ jeweilige Stellenwerte subtrahieren.			
⇒ Rechenrichtung auf dem leeren Zahlenstrahl einhalten.			
⇒ einen höheren Stellenwert in einen niedrigen umtauschen.			
⇒ sich die Größenordnung des Ergebnisses vorstellen.			
⇒ subtraktive Lösungsmöglichkeiten verwenden.			
⇒ unterschiedliche Rechenwege benutzen.			
⇒ innerhalb der Lösung auch Additionsschritte gebrauchen.			
⇒ der jeweiligen Aufgabe eine angepasste Lösung zuordnen.			

Anmerkungen:

Lernstandsdiagnose

zum Normalverfahren der schriftlichen Subtraktion (Ergänzungsverfahren)

MATHE

Name:	geboren am	Klasse:
Beobachtungsdatum:	Beobachter:	

Testblatt zur SCHRIFTLICHEN SUBTRAKTION (ZAHLENRAUM bis 1000)

	normal	unterschiedliche Stellenwerte	0 im Minuenden	0 im Subtrahenden
kein Übergang	6 7 2 - 3 4 1	4 8 3 - 4 2	7 0 8 - 4 0 2	6 6 2 - 4 0 1
1 Übergang	8 8 4 - 4 9 1	6 9 2 - 5 9	8 8 0 - 4 1 4	6 7 2 - 2 0 4
2 Übergänge	9 4 2 - 6 8 9	5 2 5 - 8 6	3 0 6 - 2 4 8	7 0 2 - 3 0 4
0 im Ergebnis	4 8 3 - 2 7 3	7 5 9 - 5 3	6 9 0 - 3 8 8	8 1 3 - 5 0 6

Leistungsmerkmale

Das Kind kann ...

	Grad der Beherrschung		
	sicher und selbstständig	teils sicher und selbstständig	unsicher und nur mit Hilfen
Normalverfahren der schriftlichen Subtraktion			
⇒ Minuend und Subtrahend in Stellenwertschreibweise richtig untereinander schreiben.			
⇒ die Rechenrichtung von rechts, beginnend bei der E-Stelle, nach links einhalten.			
⇒ die Rechenrichtung von unten nach oben bei jeder Stelle einhalten.			
⇒ die Schritte des Algorithmus vollständig und in der richtigen Reihenfolge ausführen.			
⇒ vom Subtrahenden zum Minuenden ergänzen.			
Besonderheiten:			
⇒ falls der Minuend kleiner ist als der Subtrahend, beide gleichsinnig erweitern und den Übertrag bei der nächsten Stelle notieren.			
⇒ Aufgaben mit einem Gemerkten richtig lösen.			
⇒ Aufgaben mit zwei oder mehr Gemerkten richtig lösen.			
⇒ Aufgaben mit einer 0 im Ergebnis richtig lösen.			
⇒ Aufgaben mit Null im Minuenden richtig lösen.			
⇒ Aufgaben mit Null im Subtrahenden richtig lösen.			
⇒ Aufgaben mit unterschiedlicher Stellenzahl bei Minuenden und Subtrahenden richtig lösen.			

Anmerkungen:

Joachim Schnabel: Das Schuljahr im Griff © Auer Verlag GmbH, Donauwörth

Lernstandsdiagnose
zum Normalverfahren der schriftlichen Subtraktion (Abzieh-Borge-Verfahren)

MATHE

Name:	geboren am	Klasse:
Beobachtungsdatum:	Beobachter:	

Testblatt zur SCHRIFTLICHEN SUBTRAKTION (ZAHLENRAUM bis 1000) (Abzieh-Borge-Verfahren)

	normal	unterschiedliche Stellenwerte	0 im Minuenden	0 im Subtrahenden
kein Übergang	6 7 2 - 3 4 1	4 8 3 - 4 2	7 0 8 - 4 0 2	6 6 2 - 4 0 1
1 Übergang	8 8 4 - 4 9 1	6 9 2 - 5 9	1 4 2 2 - 3 0 4	6 7 2 - 2 0 4
2 Übergänge	9 4 2 - 6 8 9	5 2 5 - 8 6	5 7 0 - 2 7 3	1 1 2 6 - 2 0 8
0 im Ergebnis	4 8 3 - 2 7 3	7 5 9 - 5 3	6 0 8 - 3 8 8	8 1 3 - 5 0 6

Leistungsmerkmale	Grad der Beherrschung		
Das Kind kann ...	sicher und selbstständig	teils sicher und selbstständig	unsicher und nur mit Hilfen
Normalverfahren der schriftlichen Subtraktion			
⇒ Minuend und Subtrahend in Stellenwertschreibweise richtig untereinander schreiben.			
⇒ die Rechenrichtung von rechts, beginnend bei der E-Stelle, nach links einhalten.			
⇒ die Rechenrichtung von oben nach unten bei jeder Stelle einhalten.			
⇒ vom Minuenden zum Subtrahenden abziehen.			
⇒ die Entbündelung (das Borgen) eines Stellenwertes durch Durchstreichen und Überschreiben markieren.			
⇒ die Entbündelung (das Borgen) zweier (oder mehrerer) aufeinanderfolgender Stellenwerte durch Durchstreichen und Überschreiben markieren.			
⇒ die Schritte des Algorithmus vollständig und in der richtigen Reihenfolge ausführen.			
Besonderheiten:			
⇒ falls der Minuend kleiner ist als der Subtrahend, den Minuenden durch Entbündeln des nächsthöheren Stellenwertes erweitern.			
⇒ Aufgaben mit einem Übergang richtig lösen.			
⇒ Aufgaben mit zwei oder mehr Übergängen richtig lösen.			
⇒ Aufgaben mit einer 0 im Ergebnis richtig lösen.			
⇒ Aufgaben mit Null im Minuenden richtig lösen.			
⇒ Aufgaben mit zwei Nullen im Minuenden richtig lösen.			
⇒ Aufgaben mit Null im Subtrahenden richtig lösen.			
⇒ Aufgaben mit unterschiedlicher Stellenzahl bei Minuenden und Subtrahenden richtig lösen.			

Anmerkungen:

Joachim Schnabel: Das Schuljahr im Griff © Auer Verlag GmbH, Donauwörth

C_Während_des_Schuljahres/a_Schülerbeobachtungen/Mathe/
09_Test_Diagnose_Normalverfahren_der_schriftl_Subtraktion_Abzieh_Borge_Verfahren.doc

41

Lernstandsdiagnose zur halbschriftlichen Multiplikation (ZAHLENRAUM bis 1000)	MATHE
Name: **geboren am** **Klasse:**	
Beobachtungsdatum: **Beobachter:**	

Testblatt zur HALBSCHRIFTLICHEN MULTIPLIKATION

Hinweis: Schreibe möglichst genau auf, wie du rechnest. Das Ergebnis schreibe bitte noch einmal zu der passenden Aufgabe.

1. Löse mit Zwischenschritten.

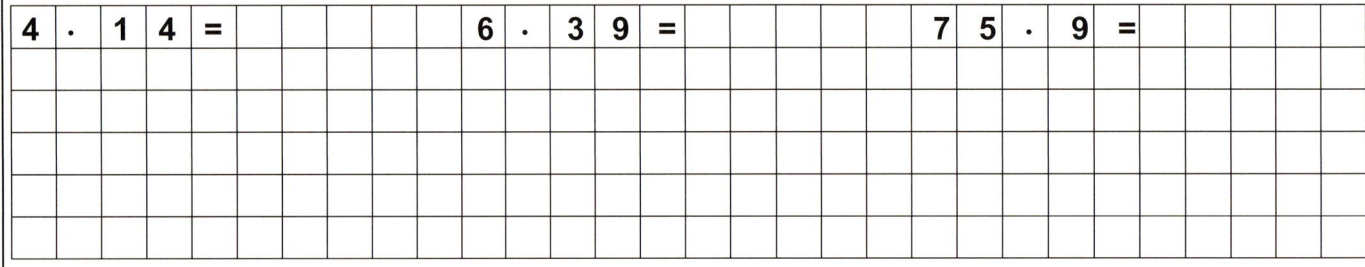

$4 \cdot 14 =$ $6 \cdot 39 =$ $75 \cdot 9 =$

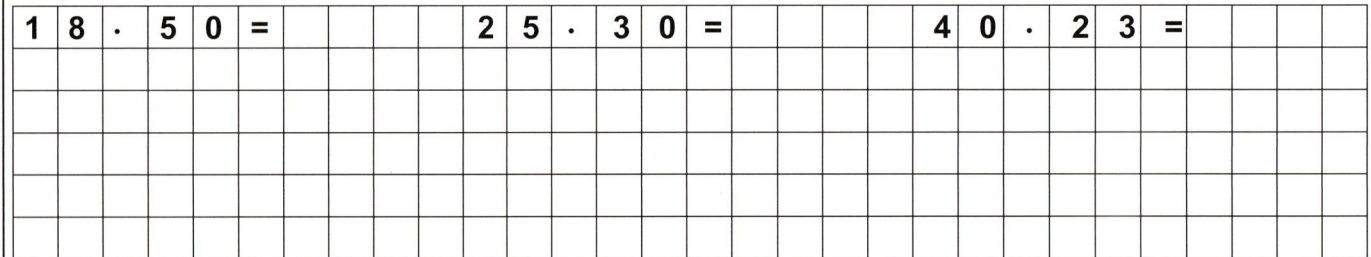

$18 \cdot 50 =$ $25 \cdot 30 =$ $40 \cdot 23 =$

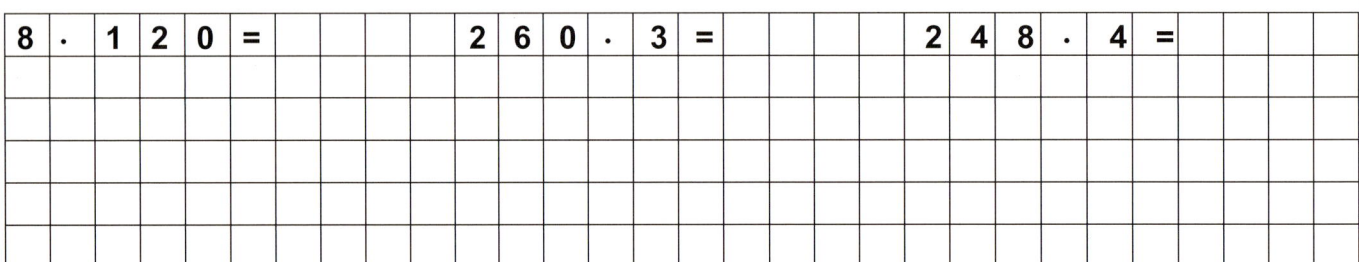

$8 \cdot 120 =$ $260 \cdot 3 =$ $248 \cdot 4 =$

2. Notiere nur das Ergebnis.

$15 \cdot 6 =$ _____ $9 \cdot 64 =$ _____ $130 \cdot 7 =$ _____

Joachim Schnabel: Das Schuljahr im Griff © Auer Verlag GmbH, Donauwörth

Lernstandsdiagnose

zum Normalverfahren der schriftlichen Subtraktion (Abzieh-Borge-Verfahren)

MATHE

Name:	geboren am	Klasse:
Beobachtungsdatum:	Beobachter:	

Testblatt zur SCHRIFTLICHEN SUBTRAKTION (ZAHLENRAUM bis 1000) (Abzieh-Borge-Verfahren)

	normal	unterschiedliche Stellenwerte	0 im Minuenden	0 im Subtrahenden
kein Übergang	6 7 2 - 3 4 1	4 8 3 - 4 2	7 0 8 - 4 0 2	6 6 2 - 4 0 1
1 Übergang	8 8 4 - 4 9 1	6 9 2 - 5 9	1 4 2 2 - 3 0 4	6 7 2 - 2 0 4
2 Übergänge	9 4 2 - 6 8 9	5 2 5 - 8 6	5 7 0 - 2 7 3	1 1 2 6 - 2 0 8
0 im Ergebnis	4 8 3 - 2 7 3	7 5 9 - 5 3	6 0 8 - 3 8 8	8 1 3 - 5 0 6

Leistungsmerkmale **Das Kind kann ...**	Grad der Beherrschung		
	sicher und selbstständig	teils sicher und selbstständig	unsicher und nur mit Hilfen
Normalverfahren der schriftlichen Subtraktion			
⇒ Minuend und Subtrahend in Stellenwertschreibweise richtig untereinander schreiben.			
⇒ die Rechenrichtung von rechts, beginnend bei der E-Stelle, nach links einhalten.			
⇒ die Rechenrichtung von oben nach unten bei jeder Stelle einhalten.			
⇒ vom Minuenden zum Subtrahenden abziehen.			
⇒ die Entbündelung (das Borgen) eines Stellenwertes durch Durchstreichen und Überschreiben markieren.			
⇒ die Entbündelung (das Borgen) zweier (oder mehrerer) aufeinanderfolgender Stellenwerte durch Durchstreichen und Überschreiben markieren.			
⇒ die Schritte des Algorithmus vollständig und in der richtigen Reihenfolge ausführen.			
Besonderheiten:			
⇒ falls der Minuend kleiner ist als der Subtrahend, den Minuenden durch Entbündeln des nächsthöheren Stellenwertes erweitern.			
⇒ Aufgaben mit einem Übergang richtig lösen.			
⇒ Aufgaben mit zwei oder mehr Übergängen richtig lösen.			
⇒ Aufgaben mit einer 0 im Ergebnis richtig lösen.			
⇒ Aufgaben mit Null im Minuenden richtig lösen.			
⇒ Aufgaben mit zwei Nullen im Minuenden richtig lösen.			
⇒ Aufgaben mit Null im Subtrahenden richtig lösen.			
⇒ Aufgaben mit unterschiedlicher Stellenzahl bei Minuenden und Subtrahenden richtig lösen.			

Anmerkungen:

C_Während_des_Schuljahres/a_Schülerbeobachtungen/Mathe/
09_Test_Diagnose_Normalverfahren_der_schriftl_Subtraktion_Abzieh_Borge_Verfahren.doc

41

Lernstandsdiagnose
zur halbschriftlichen Multiplikation (ZAHLENRAUM bis 1000)

MATHE

Name:	geboren am	Klasse:
Beobachtungsdatum:	Beobachter:	

Testblatt zur HALBSCHRIFTLICHEN MULTIPLIKATION

Hinweis: Schreibe möglichst genau auf, wie du rechnest. Das Ergebnis schreibe bitte noch einmal zu der passenden Aufgabe.

1. Löse mit Zwischenschritten.

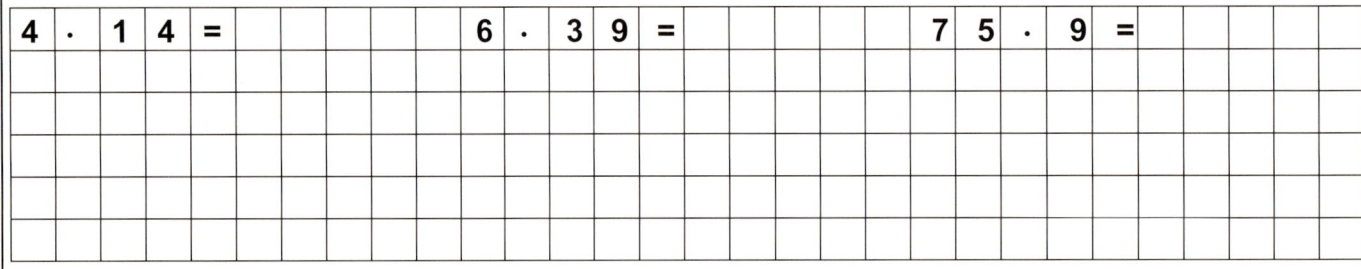

$4 \cdot 14 =$ $6 \cdot 39 =$ $75 \cdot 9 =$

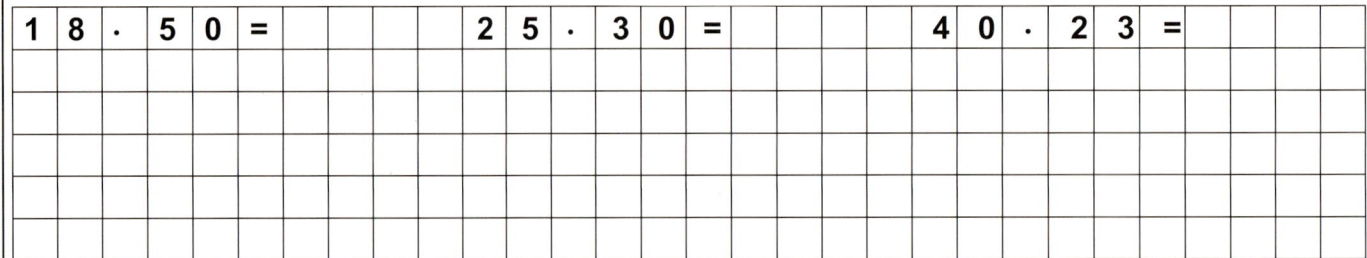

$18 \cdot 50 =$ $25 \cdot 30 =$ $40 \cdot 23 =$

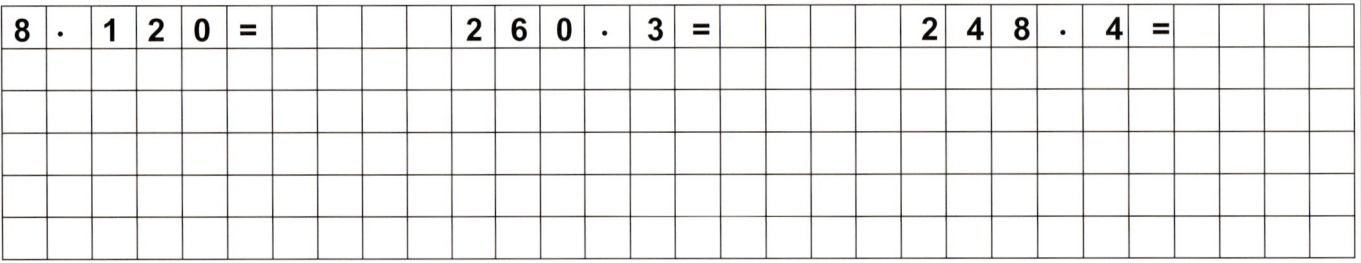

$8 \cdot 120 =$ $260 \cdot 3 =$ $248 \cdot 4 =$

2. Notiere nur das Ergebnis.

$15 \cdot 6 =$ _____ $9 \cdot 64 =$ _____ $130 \cdot 7 =$ _____

Joachim Schnabel: Das Schuljahr im Griff © Auer Verlag GmbH, Donauwörth

Lernstandsdiagnose	MATHE
zur HALBSCHRIFTLICHEN MULTIPLIKATION (ZAHLENRAUM bis 1000)	

Name:	geboren am	Klasse:
Beobachtungsdatum:	Beobachter:	

Durch die vielfältigen Möglichkeiten des Rechenweges erhält der Lehrer einen Einblick in die Denkstrukturen seiner Schüler. Für die Division gilt Entsprechendes.

Da dem Schüler aber auch die Möglichkeit gegeben werden soll, unabhängig von einer vorgegebenen Darstellungsform seine Lösungsmöglichkeit(en) aufzuzeigen, kann der Lösungsweg auch frei notiert werden.

☞ **Der Lehrer sollte die in der Klasse übliche Darstellung des Lösungsweges fordern.**

Leistungsmerkmale **Das Kind kann ...**	Grad der Beherrschung		
	sicher und selbstständig	teils sicher und selbstständig	unsicher und nur mit Hilfen
⇒ **folgende Aufgabentypen lösen:**			
⇒ E · ZE			
⇒ ZE · E			
⇒ ZE · Z			
⇒ Z · ZE			
⇒ E · HZ			
⇒ HZ · E			
⇒ HZE · E			
Allgemeine Kriterien			
⇒ das kleine Einmaleins.			
⇒ Einmaleinsaufgaben mit Zehner- und Hunderterzahlen.			
⇒ Verteilungsregeln anwenden.			
⇒ Teilprodukte richtig bilden.			
⇒ Teilprodukte richtig addieren.			
⇒ die Rechenschritte vollständig und in der richtigen Reihenfolge ausführen.			
⇒ unterschiedliche Lösungswege anwenden.			
⇒ Aufgaben, ohne Zwischenschritte zu notieren, ausrechnen.			

Anmerkungen:

Lernstandsdiagnose
zum Normalverfahren der schriftlichen Multiplikation

MATHE

Name:	geboren am	Klasse:
Beobachtungsdatum:	Beobachter:	

Testblatt zur schriftlichen Multiplikation

Fehlerquellen	Testaufgaben
Verfahrensfehler **Stellenwertfehler**	2 3 1 · 3 2 4 8 · 6
Merkzahlfehler **Einmaleinsfehler**	3 6 9 2 · 74 8 4 7 5 · 57
Nullfehler: 0 im Multiplikanden 0 im Multiplikator 0 als Platzhalter im Produktwert	6 9 0 4 · 8 5 0 8 · 59 6 7 0 0 9 · 36
Stellenwertfehler	6 7 5 5 · 804 7 0 4 3 0 · 390
Einsfehler 1 im Multiplikanden 1 im Multiplikator	7 1 8 · 7 7 4 1 9 · 17 58181 · 94 6 1 9 1 2 · 171

Lernstandsdiagnose

zum Normalverfahren der schriftlichen Multiplikation

MATHE

Name:	geboren am	Klasse:
Beobachtungsdatum:	Beobachter:	

Leistungsmerkmale **Das Kind kann ...**	Grad der Beherrschung		
	sicher und selbstständig	teils sicher und selbstständig	unsicher und nur mit Hilfen
Voraussetzungen			
⇒ alle Einmaleinsreihen auswendig.			
⇒ das Einmaleins auf Vielfache von Stufenzahlen anwenden.			
⇒ das Normalverfahren der SCHRIFTLICHEN ADDITION richtig anwenden.			
⇒			
Normalverfahren der schriftlichen Multiplikation			
⇒ Multiplikand und Multiplikator nebeneinander schreiben.			
⇒ das Rechenverfahren beim größten Stellenwert des Multiplikators beginnen.			
⇒ die Teilergebnisse von rechts nach links, unter dem jeweiligen Stellenwert des Multiplikators beginnend, notieren.			
⇒ die Einer der Teilergebnisse richtig notieren und die Zehner zum nächsten Stellenwertprodukt addieren.			
⇒ bei mehreren Stellenwerten des Multiplikators die Stellenwertmultiplikation wiederholen.			
⇒ Aufgaben mit einstelligem Multiplikator richtig lösen (E).			
⇒ Aufgaben mit zweistelligem Multiplikator richtig lösen (Z und ZE).			
⇒ Aufgaben mit dreistelligem Multiplikator richtig lösen (H, HZ und HZE).			
⇒ die Stellenwertprodukte gestuft untereinander schreiben.			
⇒ die Teilprodukte richtig addieren.			
⇒ die Rechenschritte des Algorithmus vollständig und in der richtigen Reihenfolge ausführen.			
Besonderheiten:			
⇒ Aufgaben mit einem Gemerkten richtig lösen.			
⇒ Aufgaben mit zwei oder mehr Gemerkten richtig lösen.			
⇒ Aufgaben mit einer 0 im Ergebnis richtig lösen.			
⇒ Aufgaben mit 0 im Multiplikanden richtig lösen.			
⇒ Aufgaben mit 0 im Multiplikator richtig lösen.			
⇒ Aufgaben mit 0 in einem Teilprodukt richtig lösen.			
⇒ Aufgaben mit 0 als Platzhalter eines Teilproduktes richtig lösen.			

Anmerkungen:

Lernstandsdiagnose
zur halbschriftlichen Division (ZAHLENRAUM bis 1000)

MATHE

Name:	geboren am	Klasse:
Beobachtungsdatum:	Beobachter:	

Testblatt zur halbschriftlichen Division

Hinweis: Schreibe möglichst genau auf, wie du rechnest. Das Ergebnis schreibe bitte noch einmal zu der passenden Aufgabe.

Löse mit Zwischenschritten.

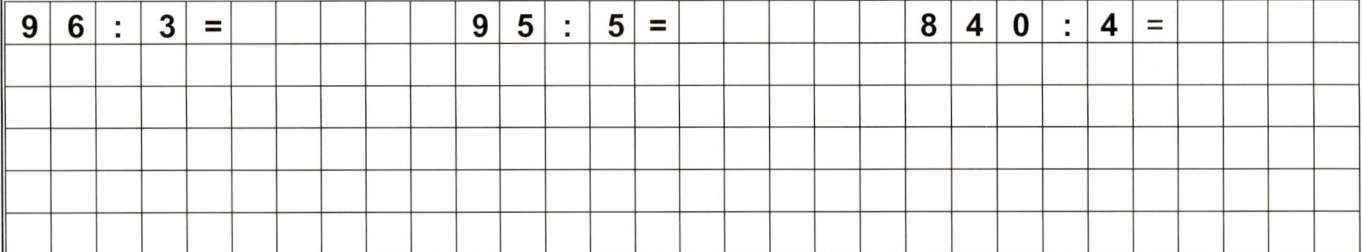

96 : 3 =   95 : 5 =   840 : 4 =

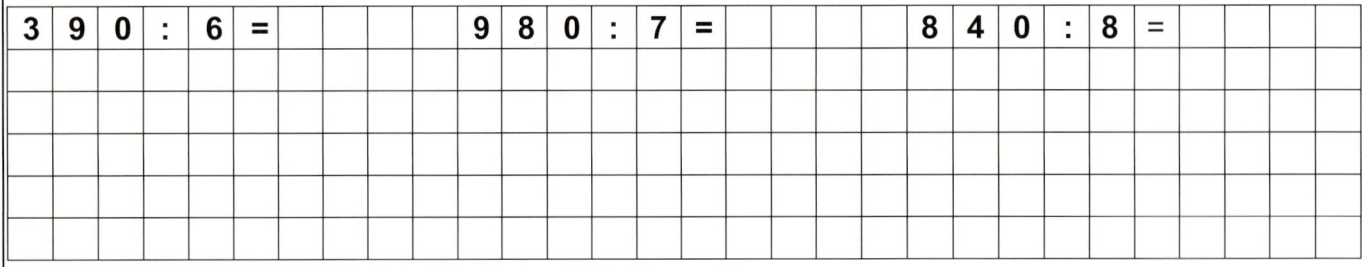

390 : 6 =   980 : 7 =   840 : 8 =

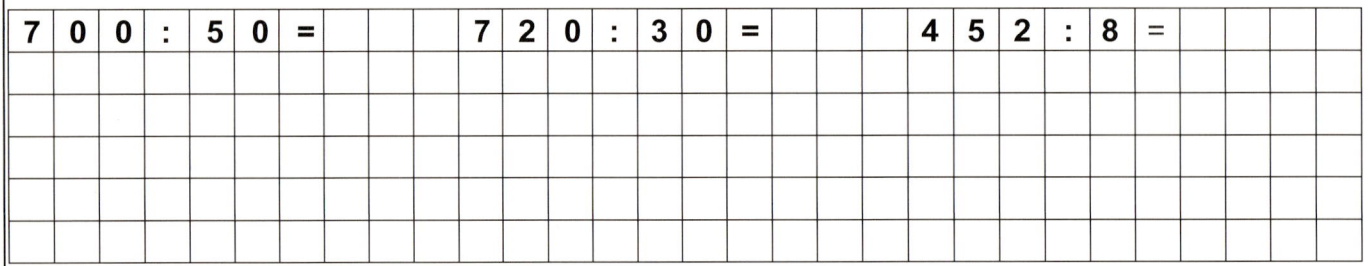

700 : 50 =   720 : 30 =   452 : 8 =

970 : 5 =   770 : 20 =   880 : 70 =

C_Während_des_Schuljahres/a_Schülerbeobachtungen/Mathe/12a_Test_halbschriftl_Division_bis_1000.doc

Joachim Schnabel: Das Schuljahr im Griff © Auer Verlag GmbH, Donauwörth

Lernstandsdiagnose
zur halbschriftlichen Division (ZAHLENRAUM bis 1000)

MATHE

Name:	geboren am	Klasse:
Beobachtungsdatum:	Beobachter:	

Durch die vielfältigen Möglichkeiten des Rechenweges erhält der Lehrer einen Einblick in die Denkstrukturen seiner Schüler. Für die Multiplikation gilt Entsprechendes.

Da dem Schüler aber auch die Möglichkeit gegeben werden soll, unabhängig von einer vorgegebenen Darstellungsform seine Lösungsmöglichkeit(en) aufzuzeigen, kann der Lösungsweg auch frei notiert werden.

☞ **Der Lehrer sollte die in der Klasse übliche Darstellung des Lösungsweges fordern.**

Leistungsmerkmale **Das Kind kann ...**	Grad der Beherrschung		
	sicher und selbstständig	teils sicher und selbstständig	unsicher und nur mit Hilfen
folgende Aufgabentypen lösen:			
⇒ ZE : E, jeder Stellenwert ist teilbar.			
⇒ ZE : E, der Rest des Z-Stellenwertes muss in E getauscht werden.			
⇒ HZ : E, jeder Stellenwert ist teilbar.			
⇒ HZ : E, alle H müssen vor dem Teilen in Z getauscht werden.			
⇒ HZ : E, der Rest des H-Stellenwertes muss in Z getauscht werden.			
⇒ HZ : E, Null im Ergebnis bei den Z.			
⇒ H : Z, der Rest des H-Stellenwertes muss in Z getauscht werden.			
⇒ HZ : Z, der Rest des H-Stellenwertes muss in Z getauscht werden.			
⇒ HZE : E, Rest bleibt im Ergebnis.			
⇒ HZ : E, mehrmaliges Tauschen des Restes.			
⇒ HZ : Z, Rest im Ergebnis.			
⇒ HZE : Z, Rest im Ergebnis.			
⇒ ZE : E, jeder Stellenwert ist teilbar.			
Allgemeine Kriterien			
⇒ das kleine Einmaleins.			
⇒ Einmaleinsaufgaben mit Zehner- und Hunderterzahlen.			
⇒ Umkehraufgaben zu Einmaleinsaufgaben bilden und lösen.			
⇒ Teiler einer Zahl bestimmen.			
⇒ Lösung einer Teiloperation richtig abschätzen.			
⇒ einen Überschlag berechnen.			
⇒ Addition richtig anwenden.			
⇒ Subtraktion richtig anwenden.			
⇒ günstige Zerlegungen finden.			
⇒ Rechenschritte vollständig, bei allen Stellenwerten in der richtigen Reihenfolge ausführen.			

Anmerkungen:

Lernstandsdiagnose

zum Normalverfahren der schriftlichen Division

MATHE

Name:	geboren am	Klasse:
Beobachtungsdatum:	Beobachter:	

Testblatt zur schriftlichen Division ZAHLENRAUM bis 100000

Fehlerquellen/ Anforderungen	Testaufgaben	Fehlerquellen/ Anforderungen	
Zehner müssen in Einer umgewandelt werden	7 7 8 4 : 7 =	**Hunderter müssen in Zehner umgewandelt werden**	6 4 8 : 4 =
Zwei Stellen müssen umgewandelt werden	9 5 4 : 6 =	**Zwei Stellen werden zu einem Dividenden zusammengefasst (sie werden dadurch restlos teilbar)**	6 4 8 : 8 =
Zwei Stellen werden zu einem Dividenden zusammengefasst (es bleibt aber ein Rest, mit dem weitergerechnet wird)	7 5 6 9 : 9 =	**Zehner ist nicht teilbar, es müssen zwei Ziffern heruntergeschrieben werden (Null im Ergebnis)**	8 2 4 : 8 =
Null im Ergebnis	3 6 2 7 : 9 =	**Null im Dividenden**	5 9 0 7 3 : 7 =
Division mit Rest	4 7 9 : 6 =	**Division durch ZE-Zahl**	2 0 4 4 5 : 29 =

Joachim Schnabel: Das Schuljahr im Griff © Auer Verlag GmbH, Donauwörth

Lernstandsdiagnose
zum Normalverfahren der schriftlichen Division

MATHE

Name:	geboren am	Klasse:

Beobachtungsdatum:	Beobachter:

Leistungsmerkmale **Das Kind kann ...**	Grad der Beherrschung		
	sicher und selbstständig	teils sicher und selbstständig	unsicher und nur mit Hilfen
Voraussetzungen			
⇒ alle Einmaleinsreihen auswendig.			
⇒ Umkehraufgaben zu Einmaleinsaufgaben bilden und lösen.			
⇒ Teiler einer Zahl bestimmen.			
⇒ die Operationen „Aufteilen" und „Verteilen" versprachlichen.			
⇒ das Normalverfahren der schriftlichen Addition richtig anwenden.			
⇒ das Normalverfahren der schriftlichen Subtraktion richtig anwenden.			
⇒ das Normalverfahren der schriftlichen Multiplikation richtig anwenden.			
⇒ die Lösung einer Teiloperation richtig abschätzen.			
⇒ einen Überschlag berechnen.			
Normalverfahren der schriftlichen Division			
⇒ Dividenden und Divisor richtig nebeneinanderschreiben.			
⇒ das Teilen beim höchsten Stellenwert des Dividenden beginnen.			
⇒ genügend viele Stellenwerte des Dividenden für die 1. Teildivision auswählen, damit der Dividend größer als der Divisor ist.			
⇒ die Vielfachen des Divisors richtig abschätzen.			
⇒ die Teilquotienten als Stellenwerte ins Gesamtergebnis schreiben.			
⇒ mit den Teilquotienten richtig malnehmen und die Teilprodukte richtig notieren.			
⇒ die Teilprodukte richtig subtrahieren.			
⇒ den jeweils nächsten Stellenwert richtig herunterschreiben.			
⇒ die Ziffern richtig untereinanderschreiben.			
⇒ die Rechenschritte des Algorithmus vollständig, bei allen Stellenwerten und in der richtigen Reihenfolge ausführen.			
Besonderheiten:			
⇒ Aufgaben mit einer 0 im Quotienten richtig lösen.			
⇒ Aufgaben mit 0 im Dividenden richtig lösen.			
⇒ den Rest einer Division richtig notieren.			

Anmerkungen:

Zur Analyse der
LESELEISTUNGEN

Name	Bekannte Texte				Unbekannte Texte			
	liest stockend	liest wortgetreu	liest flüssig	liest betont, sinnentnehmend	liest stockend	liest wortgetreu	liest flüssig	liest betont, sinnentnehmend

C_Während_des_Schuljahres/a_Schülerbeobachtungen/Deutsch/01_Leseleistung.doc

Lernstandsdiagnose zum **Textverständnis** (Lesefähigkeit)	**DEUTSCH**

Name:	geboren am	Klasse:
Beobachtungsdatum:	Beobachter:	
Text:	Schwierigkeitsgrad:	

☞ Der Lehrer sollte zur Diagnostik des Textverständnisses <u>von einfachen zu komplexeren Texten</u> fortschreiten und die „Antworten" <u>möglichst schriftlich</u> einfordern, damit sie besser diagnostiziert werden können. Bei problematischen Fällen kann allerdings auch das <u>persönliche Gespräch und die mündliche Bearbeitung</u> aufschlussreich sein.

Lesekompetenzstufen (nach IGLU) – Verstehensaspekte weiterführenden Lesens **Das Kind kann ...**	Grad der Beherrschung		
	sicher und selbstständig	teils sicher und selbstständig	unsicher und nur mit Hilfen
I Wörter und Sätze dekodieren (s. Diagnosebogen zur Lesetechnik)			
II Explizit angegebene Einzelinformationen in Texten identifizieren – Einzelbegriffe			
⇒ eine einzige, passende Information im Text finden.			
⇒ aus mehreren ähnlichen Angaben unter Einbeziehung des Satz- oder Textzusammenhangs die richtige auswählen.			
⇒ zeitliche und/oder örtliche Angaben nennen.			
III Relevante Einzelheiten und Informationen im Text auffinden und miteinander in Beziehung setzen – einfache Sachverhalte			
⇒ ein Wort aus dem Kontext heraus verstehen und erklären können.			
⇒ Beispiel(e) für eine allgemeine Aussage im Text finden.			
⇒ sich in die (im Text beschriebene) Situation eines anderen hineinversetzen und stellvertretend für diese Person denken, handeln oder sprechen.			
⇒ mit einer Aussage aus dem Text eine Frage beantworten.			
IV Zentrale Handlungsabläufe auffinden und die Hauptgedanken des Textes erfassen und erläutern – komplexe Schlussfolgerungen ziehen			
⇒ den tieferen Sinn, die übertragene oder symbolische Bedeutung einer Handlung oder Aussage erklären.			
⇒ Handlungen im Hinblick auf mögliche Konsequenzen bewerten.			
⇒ Gefühle (auch widersprüchliche) reflektieren und auf allgemeinere Merkmale von Situationen zurückführen.			
⇒ eine eigene Meinung äußern und begründen.			
V Abstrahieren, verallgemeinern und Präferenzen begründen – Prüfen und bewerten von Sprache, Inhalt und Textelementen			
⇒ die Absicht des Autors erkennen und bewerten.			
⇒ die Funktion eines Textes erkennen und bewerten.			
⇒ eine Geschichte auf ihren Wahrheitsgehalt und ihre Glaubwürdigkeit prüfen.			
⇒ die zentrale Aussage eines Textabschnittes erkennen und wiedergeben.			
⇒ die zentrale Aussage eines Textes erkennen und wiedergeben.			

Anmerkungen:

Lernstandsdiagnose zum Texterschließungsverfahren — DEUTSCH

Name:	geboren am	Klasse:
Beobachtungsdatum:	Beobachter:	

Arbeitstechniken des weiterführenden Lesens **Das Kind kann ...**	Grad der Beherrschung		
	sicher und selbstständig	teils sicher und selbstständig	unsicher und nur mit Hilfen
Selektive Texterschließungsverfahren			
⇒ wichtige Informationen finden und unterstreichen.			
⇒ Schlüsselwörter/Sinnwörter finden und unterstreichen.			
⇒ Wichtiges von Unwichtigem unterscheiden: Informationen durch Streichen auf Wesentliches reduzieren.			
⇒ Textstellen auffinden (Beleglesen).			
⇒ vorgegebenen Bildern Textabschnitte (und umgekehrt) zuordnen.			
⇒ durch Insellesen die wichtigsten Informationen entnehmen und antizipieren.			
⇒ durch überfliegendes Lesen die wichtigsten Gedanken eines Textes erfassen und wiedergeben.			
Operative Texterschließungsverfahren			
⇒ sinnvolle Textstellen markieren (farbig hervorheben, unterstreichen, …).			
⇒ Texte in Abschnitte gliedern (zerschneiden) und diese markieren.			
⇒ Textabschnitte in eine sinnvolle Reihenfolge bringen (Testpuzzle).			
⇒ unbekannte Wörter aus dem Text durch Nachschlagen klären.			
⇒ Notizen zum Text ins Heft oder am Textrand machen.			
Produktive Texterschließungsverfahren			
⇒ Fragen zum Text mündlich beantworten.			
⇒ Fragen zum Text schriftlich beantworten.			
⇒ Kernaussagen und/oder Hauptgedanken mit eigenen Worten wiedergeben.			
⇒ Teilüberschriften für Abschnitte finden.			
⇒ Überschriften bilden/erklären.			
⇒ den Inhalt eines Abschnittes/Textes nachspielen.			
⇒ einen Stichwortzettel erstellen und in die Langform umsetzen.			
⇒ den Inhalt bildlich gestalten.			
⇒ Zusammenhänge graphisch veranschaulichen.			
⇒ Arbeitsaufträge und Handlungsanweisungen ausführen.			
⇒ aus Texten Fachbegriffe herausfinden und selbstständig erschließen.			
⇒ das eigene Vorwissen zum Textthema aktivieren und strukturieren.			
Kognitiv-kritische Texterschließungsverfahren			
⇒ den Fortgang/Ausgang der Geschichte antizipieren.			
⇒ den Textinhalt mit eigenen Erfahrungen vergleichen.			
⇒ Texte auf sachliche Richtigkeit und Folgerichtigkeit (logische Brüche) prüfen.			
⇒ Motive der handelnden Personen ergründen bzw. situationsbezogen begründen.			
⇒ die Intention des Autors reflektieren.			
⇒ die Textwirkung artikulieren.			
⇒ Stilmittel erkennen und deren Funktion erklären.			

Anmerkungen:

Joachim Schnabel: Das Schuljahr im Griff © Auer Verlag GmbH, Donauwörth

Lernstandsdiagnose
zur Lesetechnik (Lesefertigkeit)

DEUTSCH

Name:	geboren am	Klasse:
Beobachtungsdatum:	Beobachter:	

☞ Der Lehrer sollte bei ernsthaften Leseproblemen ein <u>Leseprotokoll</u> anfertigen (lassen). Bei allen Problemfällen ist jedoch die <u>audiovisuelle Aufzeichnung</u> und anschließende Analyse äußerst hilfreich!

Nutzung verschiedener Zugangsweisen im weiterführenden Lesen **Das Kind kann ...**	Grad der Beherrschung		
	sicher und selbstständig	teils sicher und selbstständig	unsicher und nur mit Hilfen
Nutzung von Buchstaben-Laut-Beziehungen			
⇒ (einzelne) Laute und Buchstaben identifizieren und diskriminieren.			
⇒ Graphem-Phonem-Beziehungen sicher herstellen.			
⇒ Wörter synthetisieren (einfache – komplexere).			
⇒ Hypothesen überprüfen und Druckfehler finden.			
Nutzung von bekannten Wortteilen und Wörtern			
⇒ Wörter strukturieren. (Zusammensetzungen, Ableitungen, Signalgruppen, Silben, Morpheme, Prä- und Suffixe)			
⇒ Wörter ganzheitlich erfassen.			
⇒ Wortgrenzen erfassen.			
⇒ vom Normtypus abstrahieren (Größe, Lage, Typ, Richtung).			
Nutzung von syntaktischen Begrenzungen			
⇒ die Blickspannweite vergrößern.			
⇒ Zeilen nach Sinneinheiten gliedern.			
⇒ Satzgrenzen einhalten und Satzzeichen nutzen.			
⇒ Sätze sinnbetont lesen/vortragen (Pausen, Betonungen, Satzmelodien).			
⇒ Zeilensprünge flüssig vollziehen.			
Nutzung von semantischen Begrenzungen/Nutzen von Sinnstützen			
⇒ Hypothesen (passend zum Textinhalt) bilden.			
⇒ den Textaufbau erkennen (Absätze, …).			
⇒ antizipierend lesen (Überschrift, Illustration, Schlüsselbegriffe, …).			
⇒ gesamte Texte flüssig und sinngestaltend lesen.			

Anmerkungen:

Lernstandsdiagnose bei Diktaten und ungeübten Texten	Name:						
Datum:							
	1. Diktat	2. Diktat	3. Diktat	4. Diktat	5. Diktat	6. Diktat	7. Diktat
A PHONETISCH-PHONOLOGISCHE FEHLER (= Lautungsfehler)							
1. Konsonantenfehler:							
• b und p							
• d und t							
• z - tz - tzt							
• g und k							
• ch							
• sch							
• ts							
• qu und kw							
• st und scht bzw. sp und schp							
• c und z							
• m und n							
• v und w							
2. Vokalfehler:							
• i und ü							
• e und ä							
• o und ö							
• u und ü							
• a und ä							
3. Buchstabenfolgefehler:							
z. B. Gertan statt Garten							
B LOGIKFEHLER (=Regelfehler)							
1. Ableitungsfehler: Wortstamm > Ableitung							
2. Silbentrennungsfehler:							
• Silben falsch getrennt							
• Besonderheiten (st, tz, ck, ung)							
3. Schärfungsfehler (Mitlautverdoppelung):							
• Schärfung fehlt							
• Schärfung überflüssig							
• s - ss - ß							
4. Groß- und Kleinschreibungsfehler:							
• bei NW (Nomen)							
• bei ZW (Verben)							
• bei EW (Adjektiven)							
• fehlende Substantivierung, z. B. zum, beim							
• Sonstiges, z. B. allerei gutes							
5. Getrennt- und Zusammenschreibungsfehler:							
• fehlende Getrenntschreibung (langer Abend)							
• fehlende Zusammenschreibung (seitdem)							
6. Zeichensetzungsfehler:							
• Punkt, Ausrufezeichen, Fragezeichen							
• Komma, Strichpunkt							
• Doppelpunkt							
• Anführungs- und Schlusszeichen							
C REIN VISUELLE FEHLER (=Wortgestalt-/Worteinprägefehler)							
1. Dehnungsfehler:							
• mit -h- (zu viel)							
• ohne -h- (fehlt)							
• Vokalverdoppelung (aa, ee, ie, oo)							
2. Andersschreibungsfehler:							
• x - ghs - chs - cks							
• s - tz bzw. z - s							
• ei - ai							
• f - v							
• pf - ph							
3. Einzel- und Sonderschreibungsfehler:							
z. B. darinn, hüpsch, ...							
D KONZENTRATIONSFEHLER - SONSTIGE FEHLER							
• fehlender Buchstabe							
• fehlendes Wort							
• Buchstabe zu viel							
• Wort zu viel							
• fehlende Endung							
• Buchstabentausch, z. B. getsern							

Joachim Schnabel: Das Schuljahr im Griff © Auer Verlag GmbH, Donauwörth

Name:

Lernstandsdiagnose Texte verfassen	Thema: Datum: Sprachintention: Schreibform: Note:	Thema: Datum: Sprachintention: Schreibform: Note:	Thema: Datum: Sprachintention: Schreibform: Note:	Thema: Datum: Sprachintention: Schreibform: Note:	Thema: Datum: Sprachintention: Schreibform: Note:	Thema: Datum: Sprachintention: Schreibform: Note:
GRAMMATIKALISCHE RICHTIGKEIT						
1. bei EW (Adjektiven)						
2. bei ZW (Verben)						
3. bei NW (Nomen)						
4. bei FW (Pronomina)						
5. bei Satzgliedern (Kasus)						
6. bei der Zeitform (Tempus)						
SYNTAKTISCHE MERKMALE						
7. Satzbau einfach - komplex						
8. Satzbau monoton - variabel						
INHALT						
9. Vollständigkeit						
10. logische Reihenfolge						
11. Richtigkeit						
12. Verständlichkeit						
KOMMUNIKATIVE ADÄQUANZ						
13. Stilistische Merkmale (z. B. Einleitung, Höhepunkt, Schluss)						
14. Intentionsangemessenheit						
15. Situationsangemessenheit						
16. Adressatenbezug						
17. Lernzielbezug						
KREATIVES SPRACHGESTALTEN						
18. Wortwahl bei EW (Adjektiven)						
19. Wortwahl bei ZW (Verben)						
20. Wortwahl bei NW (Nomen)						
21. Wiederholungen						
22. Wörtliche Rede						
23. Originalität						

Tages-Unterrichtsvorbereitung für
Datum: _____

	Fach	Thema	Vorbereitung	Hausaufgabe
1.				
2.				
3.				
4.				
5.				
6.				

Mittagspause von 13.00 bis 14.00 Uhr

7.				
8.				
9.				
10.				

Joachim Schnabel: Das Schuljahr im Griff © Auer Verlag GmbH, Donauwörth

Zeit	Artikulation	Unterrichtsverlauf	Unterrichtsformen Arbeits-/Sozial-/Interaktion-/Kommunikationsformen	Unterrichtsmittel Medien/Hilfsmittel	Unterrichts-organisation

___. WOCHENPLAN FÜR DIE FREIARBEIT	fertig	Kontrolle ● ○
Klasse: _____ vom _____ bis _____		

MO	**DI**	**MI**	**DO**	**FR**

Füllt dieses Blatt gemeinsam aus.

Entscheidet zuerst gemeinsam,

→ **wer liest** und

→ **wer schreibt** heute.

Wir sind die Gruppe _____ .

Unsere Gruppe besteht aus folgenden Kindern:

_____

_____

Wir alle halten uns an die Gruppenregeln:

1. Wir stellen Tische und Stühle zügig und leise zur Gruppensitzordnung um.

2. Wir verwenden ausschließlich die Flüstersprache.

3. Wir arbeiten zusammen und kümmern uns um alle, sodass jeder die Aufgabe versteht.

4. Wir beginnen sofort, die Aufgabe zu lösen.

5. Wir melden uns und warten ab, wenn wir mit unserer Aufgabe fertig sind.

6. Wir stellen Tische und Stühle wieder leise und zügig zurück, wenn der Lehrer uns das Zeichen dazu gibt.

Unterschrift aller Gruppenmitglieder:

Joachim Schnabel: Das Schuljahr im Griff © Auer Verlag GmbH, Donauwörth

Name: _____

Ich rede nicht dazwischen, sondern ich melde
mich, wenn ich etwas sagen will.

MO	DI	MI	DO	FR

Name: _____

Ich rede nicht dazwischen, sondern ich melde
mich, wenn ich etwas sagen will.

MO	DI	MI	DO	FR

Name: _____

Ich rede nicht dazwischen, sondern ich melde
mich, wenn ich etwas sagen will.

MO	DI	MI	DO	FR

Name: _____

Ich rede nicht dazwischen, sondern ich melde
mich, wenn ich etwas sagen will.

MO	DI	MI	DO	FR

Name: _____

Ich rede nicht dazwischen, sondern ich melde
mich, wenn ich etwas sagen will.

MO	DI	MI	DO	FR

Name: _____

Ich rede nicht dazwischen, sondern ich melde
mich, wenn ich etwas sagen will.

MO	DI	MI	DO	FR

Vertrag vom _____

Ich höre ganz genau zu, wenn andere reden.

Vertrag vom _____

Ich melde mich, wenn ich etwas sagen möchte.

Vertrag vom _____

Ich lenke andere Kinder nicht vom Unterricht ab.

Vertrag vom _____

Ich arbeite still, ohne zu sprechen und zu stören.

Gruppenarbeit

Gruppenname:			
1.Frage: Mit welchem Kind aus unserer Klasse kannst du **am besten** in der Gruppe zusammenarbeiten?			
2.Frage: Mit welchem Kind aus unserer Klasse kannst du **auch noch gut** in der Gruppe zusammenarbeiten?			
3.Frage: Mit welchem Kind aus unserer Klasse kannst du **überhaupt nicht** in der Gruppe zusammenarbeiten?			
4.Frage: Wie hat deine Gruppe **bisher** zusammengearbeitet? Kreuze an.	☺	☺	☹

Gruppenarbeit

Gruppenname:			
1. Frage: Mit welchem Kind aus unserer Klasse kannst du **am besten** in der Gruppe zusammenarbeiten?			
2. Frage: Mit welchem Kind aus unserer Klasse kannst du **auch noch gut** in der Gruppe zusammenarbeiten?			
3. Frage: Mit welchem Kind aus unserer Klasse kannst du **überhaupt nicht** in der Gruppe zusammenarbeiten?			
4. Frage: Wie hat deine Gruppe **bisher** zusammen gearbeitet? Kreuze an.	☺	☺	☹

Beobachtungsbogen zum GRUPPENKLIMA

GRUPPENKLIMA	Name : _____	Datum: _____

Die einzelnen Einschätzstufen bedeuten:	Stufe + 2: trifft völlig/genau zu Stufe + 1: trifft eher zu Stufe 0: trifft weder zu noch nicht zu Stufe - 1: trifft eher nicht zu Stufe - 2: trifft überhaupt nicht zu

Wie hast du dich heute in der Gruppe gefühlt?
Beantworte die nachfolgenden Fragen möglichst ohne langes Nachdenken.

GRUPPENKLIMA

1.	Heute im Unterricht habe ich die anderen kennengelernt.	- 2	- 1	0	+ 1	+ 2
2.	Ich fühle mich in der Gruppe wohl und geborgen.	- 2	- 1	0	+ 1	+ 2
3.	Die Kinder aus der Gruppe helfen mir.	- 2	- 1	0	+ 1	+ 2
4.	Die Kinder in der Gruppe helfen mir beim Lernen.	- 2	- 1	0	+ 1	+ 2
5.	Ich kann frei in meiner Gruppe reden und meine Meinung sagen.	- 2	- 1	0	+ 1	+ 2
6.	Ich mag die Kinder in meiner Gruppe.	- 2	- 1	0	+ 1	+ 2
7.	Ich vertraue den Kindern in der Gruppe.	- 2	- 1	0	+ 1	+ 2
8.	Ich bin ein wichtiger Teil dieser Gruppe.	- 2	- 1	0	+ 1	+ 2
9.	Die Stimmung ist heute freundlich gewesen.	- 2	- 1	0	+ 1	+ 2
10.	Die Gruppe arbeitet konzentriert an den Aufgaben.	- 2	- 1	0	+ 1	+ 2
11.	Ich arbeite gerne mit dieser Gruppe an den unterschiedlichen Aufgaben.	- 2	- 1	0	+ 1	+ 2
12.	Ich habe heute etwas darüber gelernt, wie man in der Gruppe arbeitet.	- 2	- 1	0	+ 1	+ 2

Bemerkungen:

Beobachtungsbogen zur KLASSENATMOSPHÄRE

Name: _____	Datum: _____	Klasse: _____

(✖) **KREUZE DIE FÜR DICH PASSENDE ANTWORT AN.**

1. Die Klasse und ich:

	☺	☹
Mir gefällt unser Klassenzimmer.	◯	◯
Mir gefällt unsere Sitzordnung.	◯	◯
Ich mag den Gesprächskreis.	◯	◯
Ich mag es, in Gruppen zu arbeiten.	◯	◯
Ich möchte noch mehr Stillarbeit machen.	◯	◯
Freiarbeit macht mir Spaß.	◯	◯
Der Wochenplan ist mir wichtig.	◯	◯

2. Die Schule und ich:

Wie gern gehst du überhaupt zur Schule?
Kreuze die für dich passende Antwort an.

◯	◯	◯	◯	◯
sehr gerne	ziemlich gerne	es macht mir nichts aus	ziemlich ungern	sehr ungern

3. Die Lehrkraft und ich:

	☺	☹
Unsere Lehrerin/unser Lehrer ist zu streng.	◯	◯
Sie/Er sollte im Unterricht mehr Zeit für mich haben.	◯	◯
Sie/Er soll mich noch mehr loben.	◯	◯
Sie/Er gibt zu viele Hausaufgaben auf.	◯	◯
Sie/Er soll mehr lachen und Spaß machen.	◯	◯

4. Die Hausaufgaben:

	☺	☹
Hilft dir jemand bei den Aufgaben?	◯	◯
Kontrollieren deine Eltern die Hausaufgaben?	◯	◯
Wo erledigst du deine Hausaufgaben? _____		

5. Meine Freizeit:

	☺	☹
Verbringst du deine Freizeit meistens mit anderen Kindern zusammen?	◯	◯
Was tust du in deiner Freizeit am liebsten? _____		

6. Was gefällt dir am besten in der Schule?

_____

_____

_____

Joachim Schnabel: Das Schuljahr im Griff © Auer Verlag GmbH, Donauwörth

Lehrer-Zeugnis

für

Herr/Frau _____

Klasse: _____

Humor und Witz …………............

Gerechtigkeit …………............

Schrift …………………………....

Stimmung in der Klasse ………..

Erklären …………………………....

Aufgabenauswahl ……...............

Helfen und Beschützen ……..…...

Gespräche führen …………….....

Umgang mit eigenen Fehlern ...

_____, den _____
(Ort)   (Datum)

_____
(Name des Schülers)

Zielscheibe für Schülerfeedback

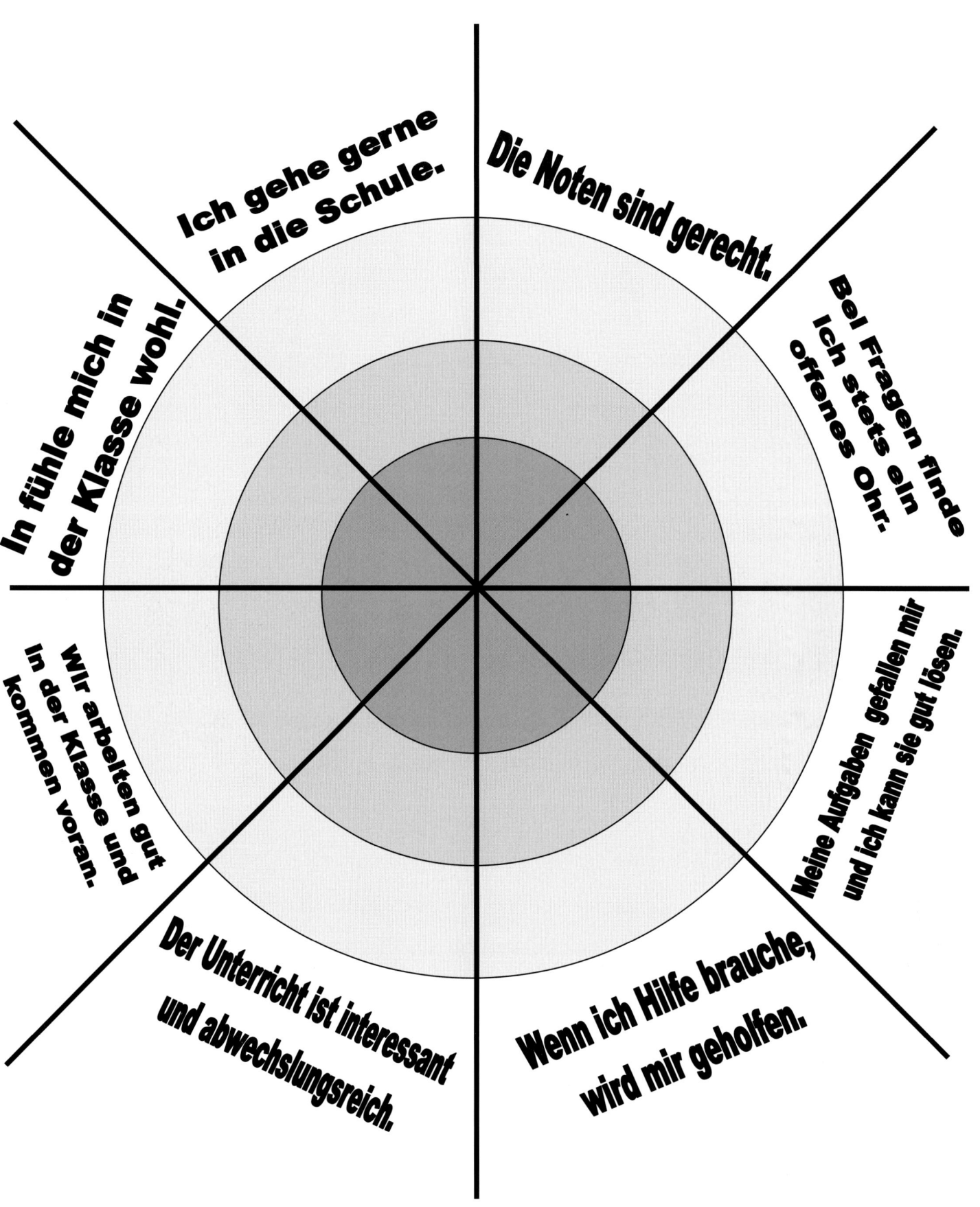

Ich gehe gerne in die Schule.

Die Noten sind gerecht.

In fühle mich in der Klasse wohl.

Bei Fragen finde ich stets ein offenes Ohr.

Wir arbeiten gut in der Klasse und kommen voran.

Meine Aufgaben gefallen mir und ich kann sie gut lösen.

Der Unterricht ist interessant und abwechslungsreich.

Wenn ich Hilfe brauche, wird mir geholfen.

Stimmungsbarometer

super

super Stimmung
null Störungen
volle Konzentration
Bestleistungen

angenehm

gute Stimmung
kaum Störungen
gute Konzentration

unterkühlt

schlechte Stimmung
zu viele Störungen
keine Konzentration

UNTERRICHTSANALYSE

Fach:	Klasse:	Lehrer/in:	Datum: Tag/Std.:
Thema:			

Schriftliche Vorbereitung

Teil der Ausarbeitung	fehlt bzw. zu überarbeiten	vorhanden/ i. O.	gut
A) ZIELSETZUNG			
• Themenformulierung			
1) Zielformulierung			
• LP-Bezug			
• Entstehung der Unterrichtseinheit			
• Grobziel			
• Feinziele			
• Differenzierung der Zielsetzung			
2) Begründung der Zielsetzung			
• von den übergeordneten Zielen her			
• von der Struktur des Unterrichtsgegenstandes her			
• von der Individuallage her			
• aus fachdidaktischen Vorentscheidungen			
B) METHODISCHER ENTWURF			
3) Plan der Durchführung			
• Zeitlinie			
• Stufung			
• Lehreraktivitäten/Impulse			
• Schüleraktivitäten			
• Merkhilfen			
4) Begründung der methodischen Entscheidungen			
• zum Unterrichtsaufbau			
• zu den Unterrichtsformen			
• zu den Unterrichtsmitteln			
• zu den Unterrichtstechniken			
• zur Unterrichtsorganisation			
Anmerkungen:			

Joachim Schnabel: Das Schuljahr im Griff © Auer Verlag GmbH, Donauwörth

UNTERRICHTSANALYSE

Fach:	Klasse:	Lehrer/in:	Datum: Tag/Std.:

Thema:

Bitte schätzen Sie ein, ob und in welcher Intensität die folgenden Qualitätsmerkmale in der besuchten Unterrichtsstunde vorkommen. Benutzen Sie dafür die Skala von 1 bis 6.

trifft überhaupt nicht zu   1 2 3 4 5 6   trifft vollständig zu

Nicht alle diese Qualitätsmerkmale können in einer einzigen Unterrichtsstunde vorkommen. Es sind mind. 4 bis 6 Unterrichtseinheiten zu besuchen und als Grundlage einer aussagekräftigen Unterrichtsanalyse nötig.

	1	2	3	4	5	6	Anmerkungen
1. Klare Strukturierung des Unterrichts gutes U.-management, geschickte, didaktisch-methodische Unterrichts-führung							
• Der U. erfolgt auf der Basis eines Regelsystems, das Störungen von vornherein vermeiden hilft (Regeln, Rollen, Rituale, Konsequenzen).							
• Die Lehrkraft behält den Überblick über unterrichtsbezogene und/oder unterrichtsfremde Aktivitäten der Schüler („Allgegenwart").							
• Die Lehrkraft sorgt für ein hohes Maß an tatsächlicher Lernzeit (Pünktlichkeit, kein Leerlauf).							
• Dem U. liegt eine klare Planung zugrunde, doch reagiert die Lehrkraft schüler- und situationsgemäß flexibel (Planungsmanagement).							
• Es herrscht eine Stimmigkeit der Ziel-, Inhalts- und Methodenentscheidungen.							
• Die (fachdidaktische) Folgerichtigkeit des methodischen Gangs des U. ist gegeben.							
• Der Unterrichtsablauf ist geschickt rhythmisiert (Tätigkeitswechsel, Arbeitshygiene, Instruktion und Konstruktion).							
• Es gibt informierende, motivierende, Vorwissen aktivierende Einstiege.							
• Der U. weist klare Strukturen auf, innerhalb derer die Schüler Freiräume zur Selbsttätigkeit eingeräumt bekommen.							
• Es wird eine variable Impuls- und Gesprächsführung (Impulstechniken, klare Aufgabenstellungen) angewandt.							
• Informationen werden klar strukturiert präsentiert.							
• Die Lehrkraft drückt sich gut verständlich aus.							
• Fachsprache wird angemessen verwendet.							
2. Hoher Anteil effektiver Lernzeit							
• Bedeutungsvolle Lerninhalte werden ausgewählt und auf dem Niveau der Altersgruppe verständlich aufbereitet (Bildungsgehalt, Gegenwartsbezug).							
• Schüler-Feedback wird eingeholt und als Korrektiv des Unterrichtsverlaufs genutzt.							
• Angemessene Anforderungsniveaus für die unterschiedlichen Leistungsgruppen werden realisiert.							
• Die Lehrkraft macht den Schülern die Bedeutung/den Sinn der U.-inhalte bewusst.							
• Das Unterrichtstempo ist angemessen gewählt.							
• Individuelle Unterstützung für Einzelne und Gruppen wird angeboten.							
3. Lernförderliches Klima							
• Die Lehrkraft fördert eine positive Einstellung zu Lernen und Leisten.							
• Die Beziehungen zwischen Lehrkraft und Schülern sind entspannt und angstfrei.							
• Die Schüler gehen freundlich und rücksichtsvoll miteinander um.							
• Der Umgangston der Lehrkraft ist freundlich und wertschätzend.							
• Die Lehrkraft zeigt sich selbst an den Unterrichtszielen und -inhalten interessiert.							
• Alle Schüler werden in das Unterrichtsgeschehen einbezogen.							
4. Inhaltliche Klarheit Verständlichkeit der Aufgabenstellung, Plausibilität des thematischen Gangs (Sachlogik), Klarheit und Verbindlichkeit der Ergebnissicherung							
• Der Lerninhalt ist sachstrukturell durchdrungen und aufgearbeitet.							
• Die Lehrkraft nimmt Alltagsvorstellungen der Schüler ernst.							
• Es herrscht eine umgehende Fehlerkorrektur und -kultur (→ Lernen aus Fehlern).							
• Der U. bietet Möglichkeiten des kognitiven Modellierens und Abstrahierens durch metakognitive Phasen.							
• Inhalte, Sachverhalte und Zusammenhänge werden sachgerecht veranschaulicht und/oder visualisiert.							
• Transferorierntierte Aufgabenstellungen kommen zum Einsatz und fördern dadurch das vernetzte Denken.							
• Passende Medien werden gezielt ausgewählt und am richtigen didaktischen Ort eingesetzt.							

	1	2	3	4	5	6	Anmerkungen
• Es finden immer wieder strukturierende Zusammenfassungen und Wiederholungen durch die Lehrkraft und/oder die Schüler statt.							
• Vielfache Erfolgserlebnisse und Könnenserfahrungen auf Schülerseite werden vermittelt.							
• Die Aufgabenstellungen sind abwechslungsreich und anschaulich (hoher Aufforderungscharakter).							
• Die angestrebten Lernziele werden klar thematisiert.							
• Fachliche und/oder überfachliche Zusammenhänge werden aufgezeigt.							
5. Sinnstiftende Kommunikation							
• Sinn-Konferenzen (Rechen-, Schreibkonferenzen) finden regelmäßig statt.							
• Es herrscht eine hohe Gesprächskultur mit klaren Gesprächsregeln und -abläufen in der Lerngruppe.							
• In ausgewiesenen Reflexionsphasen werden Lern- und Arbeitsergebnisse durch die Schüler verbalisiert und strukturiert.							
• Die Schüler reflektieren auch über ihren eigenen Arbeitsprozess.							
• Die Schüler werden an der Planung der Lernprozesse beteiligt.							
• Unterricht über Unterricht – Metakommunikation findet in der Klasse statt.							
• Hohe Feedbackkultur wird in Varianten praktiziert.							
6. Methodenvielfalt (Makro-, Meso- und Mikromethodik)							
• Sowohl „offene" als auch „geschlossene" Lehr- und Lernformen kommen zum Einsatz – passend zum jeweiligen Ziel und Inhalt des Unterrichts.							
• Verschiedene methodische Großformen werden eingesetzt (Klassenunterricht, Lehrgang, Freiarbeit, Projektarbeit, Wochenplan, Stationenlernen, …). Es besteht eine Balance zwischen individualisierenden, lehrgangsförmigen und kooperativen Unterrichtsformen.							
• Es gibt einen Einsatz und Wechsel zwischen verschiedenen Sozial-/Kommunikationsformen.							
• Es gibt einen Einsatz und Wechsel zwischen verschiedenen Arbeits-/Aktionsformen.							
• Vielfältige Kleintechniken des Lehrens wechseln sich ab.							
• Fachspezifische Arbeitsweisen kommen – dem Alter der Schüler gemäß – gezielt zur Anwendung.							
• Schüleraktivierende Methoden kommen überwiegend zum Einsatz.							
• Es kommen fachspezifische Artikulationsmodelle (versch. Verlaufsformen – je nach Lerninhalt und Lernziel) zum Einsatz.							
• Vielfältige Inszenierungstechniken durch Lehrer und Schüler sind zu beobachten.							
7. Individuelles Fördern							
• (Fachspezifische) Lernstandsanalysen werden als Planungsgrundlage für die individualisierte Übungsarbeit herangezogen.							
• Differenzierte und individualisierte Lernangebote werden unterbreitet.							
• Es findet eine passgenaue Zuordnung der Übungen zu den individuellen Fehlerschwerpunkten statt.							
• Wirksame Veranschaulichung auf unterschiedlichen Abstraktionsebenen ist integraler Bestandteil des U..							
• Verschiedene Formen der inneren Differenzierung werden angeboten (qualitativ, quantitativ, sukzessive, …).							
• Die Lehrkraft verstärkt individuelle Lernfortschritte und/oder Verhaltensweisen durch Lob und Ermutigung.							
• Es herrscht eine Atmosphäre des Vertrauens und des respektvollen Umgangs gerade auch mit Defiziten.							
• Die Lehrkraft gibt Hilfestellung, wenn Schüler etwas nicht verstehen (können).							
• Die Lehrkraft achtet nicht nur auf Leistungsergebnisse, sondern auch auf Lernerfolge und Lernschwierigkeiten.							
• Die Schüler haben Gelegenheit, fachliche und/oder methodische Kompetenzen zu erwerben bzw. zu erproben.							
• Die Schüler haben Gelegenheit, Medienkompetenz zu erwerben bzw. zu erproben.							
• Die Schüler haben Gelegenheit, personale und/oder soziale Kompetenzen zu erwerben bzw. zu erproben.							
• Die Schüler erhalten Anregungen zur Reflexion und Verbesserung der eigenen Lernstrategien.							
• Es gilt der Primat der Förderung des individuellen Potentials.							
8. Intelligentes Üben und selbstständiges Lernen							
• Die Aufgaben haben ein angemessenes Anforderungsniveau (weder Über- noch Unterforderung).							
• Der Aufbau unterschiedlicher Lernstrategien (Lernen des Lernens – Elaboration, Organisation, Kontrolle) wird gefördert.							
• Den Schülern steht ein differenziertes Übungsangebot zur Verfügung.							
• Kooperative Lernformen werden bewusst genutzt.							
• Tutoren werden häufig eingesetzt.							

Joachim Schnabel: Das Schuljahr im Griff © Auer Verlag GmbH, Donauwörth

	1	2	3	4	5	6	Anmerkungen
• Sinnvolle Übungsrhythmen sichern den Lernerfolg.							
• Die Schüler beherrschen verschiedene Kontrollformen (Selbst-, Eigen- und Fremdkontrolle).							
• Das Übungsmaterial wirkt auf die Schüler anregend und motivierend.							

9. Transparente Leistungserwartungen

	1	2	3	4	5	6	Anmerkungen
• Es gibt eine Orientierung am Lernfortschritt des einzelnen Schülers.							
• Es gibt eine Orientierung an den allgemeinen und fachspezifischen Bildungsstandards.							
• Es gelingt eine Offenlegung der für die Beurteilung gewählten Bezugsnorm (individuelle, soziale, kriteriale Bezugsnorm).							
• Förderhaltung der Lehrkraft wird durch Zuwendung spürbar.							
• Möglichst umgehende Rückmeldungen finden statt.							
• Es ist eine hohe Identifikation der Schüler mit der Aufgabenstellung wahrzunehmen.							
• Die Leistungsbereitschaft und -motivation der Schüler ist hoch.							
• Die Lehrkraft bietet eine hohe Beurteilungsgerechtigkeit durch Transparenz, z. B. bzgl. den Kriterien der Beurteilung.							

10. Vorbereite (Lern-)Umgebung

	1	2	3	4	5	6	Anmerkungen
• Der Lehrkraft gelingt der Aufbau anregender Lernumgebungen in unterschiedlichen Lehr-Lern-Arrangements.							
• Effektive Raumregie und klares Raumkonzept fördern die Strukturierung.							
• Die Materialien werden pfleglich behandelt.							
• Gute, passgenaue, differenzierte Lernmaterialien stehen zur Verfügung.							
• (Differenzierte) Anreize zum selbstorganisierten Lernen werden gesetzt.							
• Es findet eine hohe Identifikation der Schüler mit dem Lernort „Schule" statt.							
• Es gibt eine ästhetische Gestaltung des Lernprozesses und der Lernergebnisse.							

11. Lernerfolgssicherung

	1	2	3	4	5	6	Anmerkungen
• Die Schüler lernen, ihr Wissen in unterschiedlichen Zusammenhängen anzuwenden. (Horizontale, vertikale, laterale und handlungsbedingte Lerntransfers finden im ausgewogenen Verhältnis statt.)							
• Der Unterricht enthält Phasen des Wiederholens und Übens.							
• Das Erreichen der Lernziele wird überprüft.							
• Die Hausaufgaben sind eine sinnvolle Ergänzung des Unterrichts.							
• Die Hausaufgaben werden kontrolliert und besprochen.							
• Unterrichtsergebnisse werden mündlich/schriftlich gesichert.							

12. Pädagogisches Wirken – Pädagogischer Bezug

	1	2	3	4	5	6	Anmerkungen
• Die Lehrkraft hat zu allen Schülern ein personal geprägtes Vertrauensverhältnis aufgebaut.							
• Alle Schüler fühlen sich respektiert und würdevoll behandelt.							
• Die Lehrkraft achtet pädagogisch taktvoll auf die konsequente Einhaltung der Gemeinschaftsregeln und -vereinbarungen.							
• Die Lehrkraft schafft Situationen sozialen Lernens und thematisiert diese.							
• Das Verhalten der Lehrkraft ist geprägt durch eine verantwortungsvolle, erzieherisch wirksame „Führung" der gesamten Klasse.							
• Die Lehrkraft praktiziert einen sozial-integrativen Führungsstil.							

Anmerkungen/Notizen/Beratungspunkte

Beobachtungsbogen zum Lehrerverhalten

AKTIVIERUNG VON SCHÜLERN	Beobachter: _____	Datum: _____

☐ **Selbsteinschätzung (SE)** oder ☐ **Fremdeinschätzung (FE)?** | **Beobachtete Person:** _____

Die einzelnen Einschätzstufen bedeuten:

Stufe -2 und +2:	deutliche Ausprägung („Extremwerte")
Stufe -1 und +1:	schwächere Ausprägung
Stufe 0:	weder dem einen noch dem anderen Extremwert näher

Schätzen Sie das gezeigte Verhalten mithilfe der folgenden Merkmalsbeschreibungen möglichst spontan ein. Scheuen Sie sich nicht davor, Extremwerte einzukreisen.

→

AKTIVIERUNG VON SCHÜLERN durch Impulsführung: Die Impulse ...

1. dienen der Steuerung oder Lenkung des Unterrichtsgeschehens.   -2   -1   0   +1   +2   dienen der Motivierung.

2. sind vorwiegend geschlossen (lassen nur eine Antwort zu).   -2   -1   0   +1   +2   sind vorwiegend offen (lassen viele richtige Antworten zu).

3. sind meist schwache Impulse (Nebenimpulse).   -2   -1   0   +1   +2   sind meist intensive Impulse (Hauptimpulse).

4. sind mehrdeutig (weisen in verschiedene Richtungen).   -2   -1   0   +1   +2   sind eindeutig zu verstehen.

5. wirken indirekt (über die Sache).   -2   -1   0   +1   +2   wirken direkt (über die Schüler).

6. bedienen sich ausschließlich eines Mediums (Sprache).   -2   -1   0   +1   +2   bedienen sicht mehrerer Medien (verbal und nonverbal).

7. regen konvergentes Denken an.   -2   -1   0   +1   +2   regen divergentes Denken an.

8. sprechen nur wenige Schüler an.   -2   -1   0   +1   +2   sprechen möglichst viele Schüler an.

9. wirken nicht aktivierend auf die Schüler.   -2   -1   0   +1   +2   wirken aktivierend auf die Schüler.

Bemerkungen:

_____

_____

_____

_____

_____

_____

Joachim Schnabel: Das Schuljahr im Griff © Auer Verlag GmbH, Donauwörth

Beobachtungsbogen zum Lehrerverhalten

ALLGEMEINER SPRACHSTIL	Beobachter: _____	Datum: _____
☐ Selbsteinschätzung (SE) oder ☐ Fremdeinschätzung (FE)?	Beobachtete Person: _____	

Die einzelnen Einschätzstufen bedeuten:	Stufe -2 und +2:	deutliche Ausprägung („Extremwerte")
	Stufe -1 und +1:	schwächere Ausprägung
	Stufe 0:	weder dem einen noch dem anderen Extremwert näher

Schätzen Sie das gezeigte Verhalten mithilfe der folgenden Merkmalsbeschreibungen möglichst spontan ein. Scheuen Sie sich nicht davor, Extremwerte einzukreisen.

$\longrightarrow$

ALLGEMEINER SPRACHSTIL

			-2	-1	0	+1	+2	
1.	Sprechtempo/-geschwindigkeit:	sehr langsam	-2	-1	0	+1	+2	sehr schnell
2.	Stimmstärke/Lautstärke:	sehr leise	-2	-1	0	+1	+2	sehr laut
3.	Stimmlage/-höhe:	sehr tief	-2	-1	0	+1	+2	sehr hoch
4.	Stimmklang/-fülle:	sehr dünn	-2	-1	0	+1	+2	voll, voluminös
5.	Stimmfehler:	ständiges Nuscheln oder Verschlucken von Silben	-2	-1	0	+1	+2	sehr deutliche Artikulation; gut hör- und verstehbar
6.	Akzentuierungen/Variationen:	keine	-2	-1	0	+1	+2	viele
7.	Lautung:	ständige Mundartfärbung	-2	-1	0	+1	+2	ständige Hochlautung
8.	Dehnung:	sehr stark gedehnt	-2	-1	0	+1	+2	stark abgehackt
9.	Pausen:	keine	-2	-1	0	+1	+2	häufig
10.	Versprecher/„Fülllaute" (wie „äh", „und", ...):	ständig	-2	-1	0	+1	+2	keine
11.	Gesamteindruck im Vergleich zum Inhalt	unangemessen	-2	-1	0	+1	+2	angemessen

Bemerkungen:

Beobachtungsbogen zum Lehrerverhalten

BLICKKONTAKT/ MIMIK/GESTIK	Beobachter: _____	Datum: _____

☐ **Selbsteinschätzung (SE) oder** ☐ **Fremdeinschätzung (FE)?** | **Beobachtete Person:**
_____

Die einzelnen Einschätzstufen bedeuten:	Stufe -2 und +2:	deutliche Ausprägung („Extremwerte")
	Stufe -1 und +1:	schwächere Ausprägung
	Stufe 0:	weder dem einen noch dem anderen Extremwert näher

Schätzen Sie das gezeigte Verhalten mithilfe der folgenden Merkmalsbeschreibungen möglichst spontan ein. Scheuen Sie sich nicht davor, Extremwerte einzukreisen.

BLICKKONTAKT

1.	kein Blickkontakt vor dem Sprechen	-2	-1	0	+1	+2	„Aufsammeln" der Schülerblicke
2.	Blickkontakt ständig vermieden	-2	-1	0	+1	+2	positiv eingestellten Schüler gesucht („Plus-Mann")
3.	Blickkontakt wechselt ständig („Scheibenwischer")	-2	-1	0	+1	+2	intensiver Blickkontakt zu Einzelnen
4.	ständiges Anstarren Einzelner	-2	-1	0	+1	+2	angemessener (intensiver) Blickkontakt
5.	nie Blickkontakt	-2	-1	0	+1	+2	ständiger Blickkontakt

MIMIK (+Kopfbewegung)

6.	gleichbleibender Gesichtsausdruck	-2	-1	0	+1	+2	häufiger Wechsel des Gesichtsausdruckes
7.	wirkt fassadenhaft	-2	-1	0	+1	+2	wirkt offen und echt
8.	lächelt selten	-2	-1	0	+1	+2	lächelt häufig
9.	wirkt „tot"	-2	-1	0	+1	+2	wirkt „lebendig"
10.	hebt dadurch nichts hervor, unterstreicht damit nichts	-2	-1	0	+1	+2	hebt dadurch etwas hervor, unterstreicht damit etwas
11.	unangemessen, störend	-2	-1	0	+1	+2	angemessen, fördernd
12.	kaum Kopfbewegungen zur Akzentuierung des Gesagten	-2	-1	0	+1	+2	Kopfbewegungen verstärken das Gesagte

Beobachtungskriterien zur differenzierten Beobachtung:
Stirn (runzeln, in Falten legen, ...); **Augenbrauen** (heben, senken, ...); **Augen** (offen, leuchtend, schläfrig, ...); **Nase** (rümpfen, ...); **Wangen** (aufplustern, einziehen, ...); **Lippen** (aufeinandergepresst, Unterlippe hochziehen, ...); **Mundwinkel** (hochziehen, ...); **Mund** (offen, spitz, ...); **Kinn; Kopfbewegung insgesamt.**

GESTIK

13.	Haltung der Arme wirkt negativ (auf dem Rücken, neben dem Körper, vor der Brust)	-2	-1	0	+1	+2	neutral positiv (vor dem Körper)
14.	Haltung der Hände lenkt ab	-2	-1	0	+1	+2	trägt zur Konzentration bei
15.	Finger werden nur zur Drohung eingesetzt	-2	-1	0	+1	+2	Finger unterstützten z. B. den Vortrag
16.	häufige Selbstkontakte mit den Händen im Gesicht (Nase, Ohr, Haare, Brille)	-2	-1	0	+1	+2	keine Selbstkontakte im Gesicht
17.	spielt ständig mit Gegenständen (Kreide, ...)	-2	-1	0	+1	+2	spielt nie mit Gegenständen
18.	Kontaktgesten wirken kurz, eng, angedeutet, hastig	-2	-1	0	+1	+2	Gesten wirken ruhig, weit, offen
19.	verweist mit Gestik nie auf etwas, hebt damit nichts hervor	-2	-1	0	+1	+2	verweist auf etwas, hebt damit angemessen hervor
20.	Gestik dient nicht der Illustration	-2	-1	0	+1	+2	dient der Illustration

Beobachtungskriterien zur differenzierten Beobachtung:
Armhaltung (vor der Brust, neben dem Körper, am Rücken, ...); **Armbewegung**; **Handhaltung** (im Gesicht, vor der Brust, vor dem Körper, an den Hüften, unter dem Tisch, ...); **Handbewegung** (Händereiben, Spielen, Spitzdach, ...); **Fingerbewegung** (auf jemanden/etwas zeigen, heben, trommeln, schnipsen, ...); Geste sollte **vor** dem Wort kommen.

Joachim Schnabel: Das Schuljahr im Griff © Auer Verlag GmbH, Donauwörth

DISZIPLINIEREN

Beobachter: _____

Datum: _____

☐ **Selbsteinschätzung (SE)** oder ☐ **Fremdeinschätzung (FE)?**

Beobachtete Person:

_____

Die einzelnen Einschätzstufen bedeuten:	Stufe -2 und +2:	deutliche Ausprägung („Extremwerte")
	Stufe -1 und +1:	schwächere Ausprägung
	Stufe 0:	weder dem einen noch dem anderen Extremwert näher

Schätzen Sie das gezeigte Verhalten mithilfe der folgenden Merkmalsbeschreibungen möglichst spontan ein. Scheuen Sie sich nicht davor, Extremwerte einzukreisen.

→

DISZIPLINIEREN: Die Disziplinierungsmaßnahme in dieser Situation ...

1. soll alle Kinder ansprechen (eher Disziplinierungsmaßnahme).	-2 -1 0 +1 +2	soll nur einen oder wenige ansprechen (eher Erziehungsmaßnahme).
2. kann auf die ganze Klasse ausstrahlen.	-2 -1 0 +1 +2	ist auf einen/wenige beschränkt.
3. stellt eine unangemessene Reaktion auf eine alltägliche Unterrichtsstörung dar.	-2 -1 0 +1 +2	stellt eine angemessene Reaktion auf eine alltägliche Unterrichtsstörung dar.
4. stellt eine unangemessene Reaktion auf einen persönlichen Konflikt dar.	-2 -1 0 +1 +2	stellt eine angemessene Reaktion auf einen persönlichen Konflikt dar.
5. dient nicht der Grenzziehung.	-2 -1 0 +1 +2	dient der Grenzziehung.
6. sichert nicht die Ordnung.	-2 -1 0 +1 +2	sichert die Ordnung.
7. ist nicht geeignet, um „den Anfängen zu wehren".	-2 -1 0 +1 +2	ist sehr gut geeignet, um „den Anfängen zu wehren".
8. läuft langfristigen Maßnahmen oder Zielen zuwider.	-2 -1 0 +1 +2	unterstützt langfristige Maßnahmen oder Zielen.
9. wäre durch keine vorbeugende Maßnahme vermeidbar gewesen.	-2 -1 0 +1 +2	wäre durch vorbeugende Maßnahmen vermeidbar gewesen.
10. ist Ausdruck eines persönlichen „Gekränktseins" der Lehrkraft.	-2 -1 0 +1 +2	ist eine objektive Reaktion der Lehrkraft.
11. wirkt endgültig und unwiderruflich.	-2 -1 0 +1 +2	wirkt vorläufig, nicht endgültig und unwiderruflich.
12. ist weder originell noch produktiv.	-2 -1 0 +1 +2	ist sowohl originell als auch produktiv.
13. ist weder der Situation noch der Person (dem Kind) angemessen.	-2 -1 0 +1 +2	ist sowohl der Situation als auch der Person (dem Kind) angemessen.

Bemerkungen:

_____

_____

_____

_____

Beobachtungsbogen zum Lehrerverhalten

ECHTHEIT/ KONGRUENZ	Beobachter: _____	Datum: _____

☐ Selbsteinschätzung (SE) oder ☐ Fremdeinschätzung (FE)? **Beobachtete Person:**

_____

Die einzelnen Einschätzstufen bedeuten:

Stufe -2 und +2:	deutliche Ausprägung („Extremwerte")
Stufe -1 und +1:	schwächere Ausprägung
Stufe 0:	weder dem einen noch dem anderen Extremwert näher

Schätzen Sie das gezeigte Verhalten mithilfe der folgenden Merkmalsbeschreibungen möglichst spontan ein. Scheuen Sie sich nicht davor, Extremwerte einzukreisen.

ECHTHEIT/KONGRUENZ: Die Lehrkraft ...

	-2	-1	0	+1	+2	
1. drückt Gegensätzliches zu dem aus, was sie denkt oder fühlt.	-2	-1	0	+1	+2	äußert sich entsprechend ihrem Denken und Fühlen.
2. gibt sich anders als sie ist.	-2	-1	0	+1	+2	gibt sich so, wie sie wirklich ist.
3. verhält sich gekünstelt, mechanisch, spielt eine „Rolle".	-2	-1	0	+1	+2	verhält sich natürlich, spielt keine „Rolle".
4. gibt sich amtlich, professionell, routinemäßig.	-2	-1	0	+1	+2	ist ohne übertriebenes routinemäßiges, professionelles Gehabe.
5. lebt hinter einer „Fassade"/einem „Panzer".	-2	-1	0	+1	+2	ist sie selbst, lebt ohne Fassade und Panzer.
6. zeigt häufig ein stereotypes Verhalten in Gesten und Worten.	-2	-1	0	+1	+2	verhält sich in origineller, individueller, vielfältiger Weise.
7. ist nicht vertraut mit dem, was in ihr vorgeht und setzt sich auch damit nicht auseinander.	-2	-1	0	+1	+2	ist vertraut mit dem, was in ihr vorgeht und setzt sich konsequent damit auseinander.
8. täuscht andere/heuchelt.	-2	-1	0	+1	+2	ist aufrichtig und heuchelt nicht.
9. ist sich selbst gegenüber unehrlich, macht sich was vor, vermeidet, sie selbst zu sein.	-2	-1	0	+1	+2	ist sich selbst gegenüber ehrlich, macht sich nichts vor, ist bereit, das zu sein, was sie ist.
10. ihre Äußerungen, Handlungen, Mimik und Gestik dienen der Verteidigung, der Fassade, damit der andere ihr wirkliches ICH nicht kennenlernt.	-2	-1	0	+1	+2	offenbart sich anderen und gibt sich mit ihrem ICH zu erkennen/ verleugnet sich nicht.
11. ist undurchschaubar/unkalkulierbar.	-2	-1	0	+1	+2	ist durchschaubar/kalkulierbar.
12. drückt keine tiefen, gefühlsmäßigen Erlebnisse aus.	-2	-1	0	+1	+2	drückt tiefe, gefühlsmäßige Erlebnisse aus.

Bemerkungen:

_____

_____

_____

_____

Joachim Schnabel: Das Schuljahr im Griff © Auer Verlag GmbH, Donauwörth

Beobachtungsbogen zum Lehrerverhalten

EINFÜHLUNGSVERMÖGEN	Beobachter: _____	Datum: _____

☐ Selbsteinschätzung (SE) oder ☐ Fremdeinschätzung (FE)?   **Beobachtete Person:**
_____

Die einzelnen Einschätzstufen bedeuten:	Stufe -2 und +2:	deutliche Ausprägung („Extremwerte")
	Stufe -1 und +1:	schwächere Ausprägung
	Stufe 0:	weder dem einen noch dem anderen Extremwert näher

Schätzen Sie das gezeigte Verhalten mithilfe der folgenden Merkmalsbeschreibungen möglichst spontan ein. Scheuen Sie sich nicht davor, Extremwerte einzukreisen.

⟶

EINFÜHLUNGSVERMÖGEN: Die Lehrkraft ...

1.	konzentriert sich nicht auf das Verhalten des anderen.	-2	-1	0	+1	+2	konzentriert sich voll und ganz auf das Verhalten des anderen.
2.	kann den Inhalt einer „Botschaft" nicht erfassen oder wiederholen.	-2	-1	0	+1	+2	erfasst den Inhalt einer Botschaft vollständig und kann ihn wiederholen.
3.	kann die nonverbalen Verhaltensweisen nicht versprachlichen.	-2	-1	0	+1	+2	versprachlicht auch die nonverbalen Verhaltensweisen.
4.	beachtet die verschiedenen Aspekte einer Botschaft (Selbstoffenbarung, Appell, Beziehung, Inhalt) nicht.	-2	-1	0	+1	+2	beachtet angemessen die verschiedenen Aspekte einer Botschaft.
5.	kann die Gefühlslage des anderen nicht artikulieren.	-2	-1	0	+1	+2	versprachlicht die Gefühlslage des anderen angemessen.
6.	versucht zu deuten, Ratschläge oder Anweisungen zu erteilen.	-2	-1	0	+1	+2	deutet nicht und gibt keine Ratschläge, hört „aktiv" zu.

Bemerkungen:

_____

_____

_____

_____

_____

_____

_____

_____

_____

KÖRPERHALTUNG/ RAUMVERHALTEN

Beobachter: _____ Datum: _____

☐ Selbsteinschätzung (SE) oder ☐ Fremdeinschätzung (FE)?

Beobachtete Person:

_____

Die einzelnen Einschätzstufen bedeuten:

Stufe -2 und +2:	deutliche Ausprägung („Extremwerte")
Stufe -1 und +1:	schwächere Ausprägung
Stufe 0:	weder dem einen noch dem anderen Extremwert näher

Schätzen Sie das gezeigte Verhalten mithilfe der folgenden Merkmalsbeschreibungen möglichst spontan ein. Scheuen Sie sich nicht davor, Extremwerte einzukreisen.

→

KÖRPERHALTUNG: Die Lehrkraft ...

1. lehnt sich ständig an.	-2 -1 0 +1 +2	steht immer frei.
2. steht „lasch" da, lässt z. B. die Schultern hängen.	-2 -1 0 +1 +2	steht aufrecht und gespannt.
3. ist nicht in ganzer Körperlänge sichtbar.	-2 -1 0 +1 +2	ist in ganzer Körperlänge sichtbar.
4. ist nicht in ganzer Körperbreite sichtbar.	-2 -1 0 +1 +2	ist in ganzer Körperbreite sichtbar.
5. steht steif und unbeweglich vor der Klasse.	-2 -1 0 +1 +2	geht mit dem Körper beim Sprechen mit.
6. verschränkt im Stehen ständig Beine/Füße.	-2 -1 0 +1 +2	verschränkt im Stehen nie Beine/Füße.
7. wippt ständig auf und ab oder hin und her.	-2 -1 0 +1 +2	steht oder sitzt ruhig.
8. hält Oberkörper im Sitzen weit hinten.	-2 -1 0 +1 +2	hält Oberkörper weit vorn.
9. signalisiert Lustlosigkeit.	-2 -1 0 +1 +2	signalisiert Interesse.

Beobachtungskriterien zur differenzierten Beobachtung:
☐ **im Stehen: Beine/Füße** (Hin- und Her-, Auf- und Abwippen; gekreuzt, ...); **ganzer Körper** (sichtbar, keine Bezugssperren, lasch, haltlos, straff, unbeweglich, austrahlend, gespannt, angelehnt, ...).
☐ **im Sitzen: Oberkörper** (vorn, hinten, aufrecht, gebeugt, ...); **Beine/Füße** (verschränkt, nach hinten, um Stuhlbeine, übereinandergeschlagen, ...); **Sitzhaltung** (Sitzriese, -zwerg, ...).

RAUMVERHALTEN: Die Lehrkraft ...

10. bewegt sich nicht im Raum.	-2 -1 0 +1 +2	wechselt mehrmals ruhig den Standort.
11. bewegt sich mechanisch vor Tafel oder Tisch.	-2 -1 0 +1 +2	bewegt sich frei im Klassenzimmer.
12. „baut sich vor Schülern auf".	-2 -1 0 +1 +2	beachtet „Distanzzonen".
13. aktiviert die Schüler nicht durch ihr Raumverhalten.	-2 -1 0 +1 +2	aktiviert Schüler durch ihr Raumverhalten.
14. geht nie auf einen „Unruheherd" zu.	-2 -1 0 +1 +2	geht ruhig auf „Unruheherde" zu.
15. erzeugt durch ihr eigenes Raumverhalten Unruhe.	-2 -1 0 +1 +2	erzeugt Aufmerksamkeit.

Beobachtungskriterien zur differenzierten Beobachtung:
Distanzzonen: Ansprechdistanz ca. 3 bis 4 m; persönliche Distanz ca. 60 bis 150 cm; Intimdistanz kleiner als 60 cm

Beobachtungsbogen zum Lehrerverhalten

LEHRERSPRACHE/ VERSTÄNDLICHKEIT	Beobachter: _____	Datum: _____

☐ **Selbsteinschätzung (SE)** oder ☐ **Fremdeinschätzung (FE)?** | **Beobachtete Person:**
_____

Die einzelnen Einschätzstufen bedeuten:	Stufe -2 und +2:	deutliche Ausprägung („Extremwerte")
	Stufe -1 und +1:	schwächere Ausprägung
	Stufe 0:	weder dem einen noch dem anderen Extremwert näher

Schätzen Sie das gezeigte Verhalten mithilfe der folgenden Merkmalsbeschreibungen möglichst spontan ein. Scheuen Sie sich nicht davor, Extremwerte einzukreisen.

⟶

EINFACHHEIT vs. KOMPLIZIERTHEIT

1. leicht verständlich	-2	-1	0	+1	+2	schwer verständlich
2. kurze Sätze	-2	-1	0	+1	+2	lange Sätze
3. konkret	-2	-1	0	+1	+2	abstrakt
4. anschaulich	-2	-1	0	+1	+2	unanschaulich
5. einfach	-2	-1	0	+1	+2	kompliziert
6. einprägsam	-2	-1	0	+1	+2	schwer zu behalten
7. kindgemäß	-2	-1	0	+1	+2	nicht kindgemäß
8. wenig ungeläufige Wörter	-2	-1	0	+1	+2	viele ungeläufige Wörter

KÜRZE/PRÄGNANZ vs. WEITSCHWEIFIGKEIT

9. zu kurz	-2	-1	0	+1	+2	zu lang
10. auf das Wesentliche beschränkt	-2	-1	0	+1	+2	weitschweifig

GLIEDERUNG/ORDNUNG vs. ZUSAMMENHANGLOSIGKEIT

11. folgerichtig	-2	-1	0	+1	+2	zusammenhanglos
12. übersichtlich	-2	-1	0	+1	+2	unübersichtlich
13. stark gegliedert	-2	-1	0	+1	+2	wenig gegliedert
14. verliert nie den „roten Faden"	-2	-1	0	+1	+2	man weiß nie, was wohin gehört

ZUSÄTZLICHE STIMULANZ vs. NÜCHTERNHEIT

15. interessant	-2	-1	0	+1	+2	langweilig
16. anregend	-2	-1	0	+1	+2	einschläfernd
17. abwechslungsreich	-2	-1	0	+1	+2	eintönig

Beobachtungsbogen zum Lehrerverhalten

Bestandsaufnahme der Verhaltensweisen bei der Lehrfertigkeit ERKLÄREN	Beobachter: _____	Datum: _____

☐ Selbsteinschätzung (SE) oder ☐ Fremdeinschätzung (FE)? Beobachtete Person:
_____

Halten Sie die gezeigten Verhaltensweisen beim Erklären und die Reihenfolge, in der sie auftreten, fest.

Kennzeichnen Sie die entsprechenden Verhaltensweisen mit einer Zahl (z. B. 1., 2., ...).

Bestandsaufnahme der Verhaltensweisen bei der Lehrfertigkeit ERKLÄREN:

1. einleitende Übersichtsbemerkung	
2. Zielangabe	
3. problematisierende Frage oder Aussage	
4. schildern eines „diskrepanten" Sachverhaltes	
5. Definition	
6. aufzählen von Merkmalen oder Kennzeichen	
7. Beispiel(e)	
8. Vergleich/Analogie	
9. Erläuterung von Beispielen, Vergleichen, Analogien	
10. Anwendung der Definition auf ein Beispiel	
11. Verbindung mit Bekanntem	
12. Zusammenfassung	
13. Anregung zur Anwendung des Gelernten	
14. Aufforderung zur Bewertung	
15. Wiederholung wichtiger Einzelheiten	
16. Zeichnungen, Schemata, Skizzen (Tafel, Folie)	
17. (Tafel-)Texte: Stichwörter, Merktexte	
18. Medien: Bilder, Filme, Karten, Modelle	
19. Dramatisieren der Erklärung (z. B. durch Einbettung in eine Handlung)	
20. humorvolle Bemerkungen oder Beispiele	
21. Demonstration (z. B. durch eine Bewegung)	
22. aufmerksamkeitszentrierende Bemerkung	

Joachim Schnabel: Das Schuljahr im Griff © Auer Verlag GmbH, Donauwörth

Beobachtungsbogen zum Lehrerverhalten

WÄRME/ WERTSCHÄTZUNG	**Beobachter:** _____	**Datum:** _____
☐ **Selbsteinschätzung (SE)** oder ☐ **Fremdeinschätzung (FE)?**	**Beobachtete Person:** _____	

Die einzelnen Einschätzstufen bedeuten:	**Stufe + 2 und - 2:** deutliche Ausprägung („Extremwerte") **Stufe - 1 und + 1:** schwächere Ausprägung **Stufe 0:** weder dem einen noch dem anderen Extremwert näher

Schätzen Sie das gezeigte Verhalten mithilfe der folgenden Merkmalsbeschreibungen möglichst spontan ein. Scheuen Sie sich nicht davor, Extremwerte einzukreisen.

→

WÄRME – WERTSCHÄTZUNG: Die Lehrkraft ...

1.	ist freundlich, geht mit anderen herzlich um und ist nachsichtig mit ihnen.	+ 2 + 1 0 - 1 - 2	ist unfreundlich, geht herzlos mit anderen um, ist unnachsichtig und demütigt andere.
2.	ist rücksichtsvoll, ermutigt andere und vertraut ihnen.	+ 2 + 1 0 - 1 - 2	ist grob, entmutigt andere und misstraut ihnen.
3.	hilft anderen, steht ihnen bei und tröstet sie.	+ 2 + 1 0 - 1 - 2	lässt sie fallen, stellt sich kalt, jagt anderen Angst ein und verletzt andere.
4.	öffnet sich anderen gegenüber.	+ 2 + 1 0 - 1 - 2	verhält sich distanziert und bleibt verschlossen.
5.	sieht im Schüler einen Mitmenschen ohne prinzipiellen Unterschied zum Erwachsenen.	+ 2 + 1 0 - 1 - 2	sieht im Schüler jemanden, der ohne Einkommen, Einfluss und deshalb ohne Macht ist.

Bemerkungen:

_____

_____

_____

_____

_____

_____

_____

_____

_____

Beobachtungsbogen zum Lehrerverhalten

GESAMTEINDRUCK/ FLEXIBILITÄT	Beobachter: _____	Datum: _____

☐ **Selbsteinschätzung (SE) oder** ☐ **Fremdeinschätzung (FE)?** | **Beobachtete Person:**

Die einzelnen Einschätzstufen bedeuten:	Stufe -2 und +2:	deutliche Ausprägung („Extremwerte")
	Stufe -1 und +1:	schwächere Ausprägung
	Stufe 0:	weder dem einen noch dem anderen Extremwert näher

Schätzen Sie das gezeigte Verhalten mithilfe der folgenden Merkmalsbeschreibungen möglichst spontan ein. Scheuen Sie sich nicht davor, Extremwerte einzukreisen.

⟶

LEHRERVERHALTEN - GESAMTEINDRUCK

1. **Lehrersprache**: undeutlich, unangemessen, schwer verständlich	-2	-1	0	+1	+2	deutlich, angemessen, leicht verständlich
2. **Blickkontakt**: wirrer, unkontrollierter Einsatz	-2	-1	0	+1	+2	ausgewogener, kontrollierter Einsatz
3. **Mimik**: wirkt unangemessen, störend	-2	-1	0	+1	+2	wirkt angemessen, fördernd
4. **Gestik**: wirkt unruhig, unkontrolliert, verwirrend	-2	-1	0	+1	+2	wirkt ruhig, kontrolliert, illustrierend
5. **Körperhaltung und -bewegung**: strahlt Unruhe aus	-2	-1	0	+1	+2	strahlt Ruhe und Konzentration aus
6. **Raumverhalten**: hektisch, unkontrolliert	-2	-1	0	+1	+2	ruhig, kontrolliert
7. **nonverbales Lehrerverhalten insgesamt**: in sich widersprüchlich, unsynchronisiert, wirkt störend	-2	-1	0	+1	+2	widerspruchsfrei, synchronisiert, wirkt unterstützend

LEHRERVERHALTEN - WEITERER EINDRUCK: Die Lehrkraft wirkt....

8. extrem angespannt.	-2	-1	0	+1	+2	sehr locker, entspannt.
9. energielos, müde.	-2	-1	0	+1	+2	energievoll, frisch.
10. sehr unsicher, ängstlich.	-2	-1	0	+1	+2	selbstsicher.
11. sehr unfreundlich.	-2	-1	0	+1	+2	sehr freundlich.
12. unsympathisch.	-2	-1	0	+1	+2	sympathisch.
13. bedrohlich.	-2	-1	0	+1	+2	vertrauensvoll.
14. langweilig.	-2	-1	0	+1	+2	interessant.
15. passiv, desinteressiert.	-2	-1	0	+1	+2	aktiv, engagiert.

FLEXIBILITÄT: Die Lehrkraft ...

16. gestaltet das gesamte Lehrerverhalten situationsunangemessen.	-2	-1	0	+1	+2	situationsangemessen.
17. wirkt stereotyp.	-2	-1	0	+1	+2	wirkt flexibel.
18. beharrt auf „Altbewährtem".	-2	-1	0	+1	+2	ist offen für Neues.

Joachim Schnabel: Das Schuljahr im Griff © Auer Verlag GmbH, Donauwörth

Polaritätenprofil am Schuljahresende

Lehrerpersönlichkeit – Die Lehrkraft ...

		+2	+1	0	-1	-2	
1.	wirkt sicher und selbstbewusst.	+2	+1	0	-1	-2	wirkt unsicher.
2.	ist stets freundlich.	+2	+1	0	-1	-2	hat oft schlechte Laune.
3.	ist jederzeit gesprächsbereit.	+2	+1	0	-1	-2	hat kaum Zeit für Gespräche.
4.	nimmt jedes einzelne Kind ernst.	+2	+1	0	-1	-2	nimmt nur manche Kinder ernst.
5.	fördert alle Kinder gleichermaßen.	+2	+1	0	-1	-2	fördert nur manche Kinder.
6.	baut zu allen Kindern einen pädagogischen Bezug auf.	+2	+1	0	-1	-2	verbreitet unter den Kindern Angst.

Unterricht – Der Unterricht der Lehrkraft ist ...

		+2	+1	0	-1	-2	
7.	klar strukturiert und sehr zielorientiert.	+2	+1	0	-1	-2	wenig strukturiert und oft ziellos.
8.	sehr effektiv bzgl. der echten Lernzeit.	+2	+1	0	-1	-2	ineffektiv mit wenig effektiver Lernzeit.
9.	inhaltlich bestens verständlich.	+2	+1	0	-1	-2	inhaltlich kaum verständlich.
10.	abwechslungsreich, motivierend, interessant.	+2	+1	0	-1	-2	langweilig, demotivierend, uninteressant.
11.	fachlich korrekt und sprachlich präzise.	+2	+1	0	-1	-2	fachlich unkorrekt und sprachlich oft unpräzise oder sogar falsch.
12.	gekennzeichnet durch sinnvolle Reflexionen und hohe Gesprächskultur.	+2	+1	0	-1	-2	gekennzeichnet durch Lehrermonologe.
13.	methodisch vielfältig und abwechslungsreich.	+2	+1	0	-1	-2	methodisch eher einseitig und monoton.
14.	auf die unterschiedlichen Leistungsniveaus der Klasse abgestimmt.	+2	+1	0	-1	-2	bezieht sich lediglich auf ein Leistungsniveau (Leistungsspitze).
15.	förderlich für das selbstständige Lernen der Kinder.	+2	+1	0	-1	-2	hinderlich für das selbstständige Lernen der Kinder.
16.	durch passende Aufgaben und Übungen gekennzeichnet.	+2	+1	0	-1	-2	durch über-/unterfordernde Aufgaben und Übungen gekennzeichnet.
17.	bzgl. der Leistungserwartungen und Beurteilungen stets transparent.	+2	+1	0	-1	-2	bzgl. der Leistungserwartungen und Beurteilungen überhaupt nicht transparent.
18.	grundlegend für die Sicherung von Grundwissen und Arbeitstechniken.	+2	+1	0	-1	-2	belanglos bzgl. der Sicherung des Grundwissens und der Arbeitstechniken.

Die Klassengemeinschaft ...

		+2	+1	0	-1	-2	
19.	wirkt in sich geschlossen und kooperativ.	+2	+1	0	-1	-2	wirkt zerstritten und egoistisch.
20.	wirkt harmonisch und gefestigt.	+2	+1	0	-1	-2	wirkt disharmonisch und ohne gemeinsame Wertebasis.
21.	integriert Außenseiter.	+2	+1	0	-1	-2	grenzt Außenseiter aus.

Bemerkungen:

Joachim Schnabel: Das Schuljahr im Griff © Auer Verlag GmbH, Donauwörth

Erwartungen an das neue Schuljahr

Meine Erwartungen an das neue Schuljahr –
Ich wünsche mir, dass ...

D_Am_Ende_des_Schuljahres/02_Schülererwartungen_an_das_neue_Schuljahr.doc

Literaturnachweis

Abele, A./Kalmbach, H. u. a.: Handbuch zur Grundschulmathematik. Stuttgart: 1994.

Aebli, H.: Zwölf Grundformen des Lehrens. Stuttgart: 1983.

Akademie für Lehrerfortbildung Dillingen (Hrsg.): Materialgeleitetes Lernen. München: 1991.

Akademie für Lehrerfortbildung Dillingen (Hrsg.): Rechenstörungen. Donauwörth: 1997[2].

Akademie für Lehrerfortbildung Dillingen (Hrsg.): Mathematik in der Grundschule. Die Behandlung der schriftlichen Normalverfahren. Akademiebericht Nr. 196. Dillingen: 1992.

Akademie für Lehrerfortbildung Dillingen (Hrsg.): Akademiebericht Nr. 198 – Mathematik in der Grundschule: Vermittlung und Sicherung geometrischer Grunderfahrungen, Leistungsbeurteilung, Mathematikschwierigkeiten, Fördermöglichkeiten. Dillingen: 1992.

Akademie für Lehrerfortbildung Dillingen (Hrsg.): Akademiebericht Nr. 197 – Mathematik in der Grundschule: Die Behandlung der Größen, Sachrechnen in der Grundschule. Dillingen: 1992.

Allen, D. W./Ryan, K.: Microteaching. Mass./USA: 1969; Dt. Weinheim: 1972.

Altmann, W. u. a. (Hrsg.): Seminar und Schule neu. Grundschule. Bd. 3. München: 1983.

Arbeitsgruppe Oberkircher Lehrmittel (Hrsg.): Das AOL Projekte-Buch. Reinbek: 1986.

Bartnitzky, H. u. a. (Hrsg.): Reihe: Pädagogische Leistungskultur. Materialien für 1./2. und 3./4. Jgst. Frankfurt: 2006/2007.

Bastian J./Gudjons H. (Hrsg.): Das Projektbuch II. Hamburg: 1990.

Bastian J./Gudjons H. (Hrsg.): Das Projektbuch. Hamburg: 1989[2].

Bischoff, P.: Grundlagen der Praxis des Rechtschreibunterrichts. Hannover: 1975.

Bönsch M./Schittko, K. (Hrsg.): Offener Unterricht. Hannover: 1979.

Bohl, T.: Prüfen und Bewerten im Offenen Unterricht. Weinheim: 2004[2].

Bossing, N. L.: Die Project Method. In: ders.: Progressive Methods of Teaching in Secondary Schools. Boston: 1935. 555-595. Dt.: Die Projektmethode. In: Geisler, G. (Hrsg.): Das Problem der Unterrichtsmethode. Weinheim: 1970[8].

Crämer, C./Füssenich, I./Schumann, G.: Lesekompetenz erwerben und fördern. Braunschweig: 2000[2].

Davidson, D./Jenchen, H. J.: Das Praktikum. München: 1980.

Dewey, J.: Democracy and Education (1916). Dt.: Demokratie und Erziehung, Weinheim: 1993[4].

Dewey, J.: Der Ausweg aus dem pädagogischen Wirrwarr (1931). Dt., in: Dewey, J./Kilpatrick, W. H.: Der Projekt-Plan. Grundlegung und Praxis. Weimar: 1935. S. 85-101.

Duncker, L./Götz, B.: Projektunterricht als Beitrag zur inneren Schulreform. Langenau: 1984.

Engelhardt, A. u. a.: Aus Fehlern wird man klug! Nürnberg: 1999.

Engelhardt, E. u. a.: Das Mathestudio. Braunschweig: 2006.

Fittkau, B. u. a.: Kommunizieren lernen. Braunschweig: 1977.

Frey, K.: Die Projektmethode. In: Betrifft Erziehung. 1982/Heft10.

Frey, K.: Die Projektmethode. Weinheim: 1990[3].1995[6].

Geiling, H. (Hrsg.): Lehrerfortbildung und Seminar. Bd.: Erdkunde. München: 1976.

Georg-Ledebour-Schule, Nürnberg: Unser Schulhausprojekt: Rund ums Buch. Donauwörth: 1999.

Gerster, H.-D.: Schülerfehler bei schriftlichen Rechenverfahren - Diagnose und Therapie. Freiburg: 1982.

Greil, J.: Rechtschreiben in der Grundschule. Donauwörth: 1984[2].

Grell, J.: Techniken des Lehrerverhaltens. Weinheim: 1983[11].

Gudjons, H.: Handlungsorientiert lehren und lernen. Bad Heilbrunn: 1994[4].

Gudjons, H.: Projektunterricht begründen. In: Pädagogik 1989/Heft 7/8. S. 47-52.

Hänsel D./Müller, H. (Hrsg.): Das Projektbuch Sekundarstufe. Weinheim: 1988.

Hänsel, D. (Hrsg.): Das Projektbuch Grundschule. Weinheim: 1986.

Hartmann, M. u. a.: Zielgerichtet moderieren. Weinheim: 2001[3].

Hentig, H. v.: Schule als Erfahrungsraum. Stuttgart: 1973.

Hitzler, W./Keller, G.: Rechenschwäche - Formen, Ursachen, Förderung. Donauwörth: 1995.

Horster, L. /Rolff, H.-G.: Unterrichtsentwicklung. Weinheim: 2001.

Huth, M. (Hrsg.): Unterrichtsprojekte konkret. Lichtenau: 1984.

Kaiser, A.: Anders lehren lernen. Hohengehren: 1999.

Kilpatrick, W.H.: The Project method. Teachers College Record. 1918. 19. 319-335. Dt., in: Dewey, J./Kilpatrick W.H.: Der Projekt-Plan- Grundlegung und Praxis. Weimar: 1935. S. 161-179)

Klauer, K. J. (Hrsg.): Handbuch der Pädagogischen Diagnostik. Düsseldorf: 1978.

Klippert, H.: Projektwochen. Weinheim: 1985.

Klippert, H.: Methodentraining. Weinheim: 1999[10].

Klippert, H./Müller, F.: Methodenlernen in der Grundschule. Weinheim: 2003.

Koch, J.: Projektwoche konkret. Lichtenau: 1982.

Kopka, H.: Mathematische Sachzusammenhänge 4. Weinheim: 1981.

Langer, A. u. a.: Lehrer beobachten und beurteilen Schüler. München: 2000.

Langer, J. u. a.: Messung komplexer Merkmale in der Psychologie und Pädagogik. Ratingverfahren. München: 1974.

Lauter, J. (Hrsg.): Mathematikunterricht in der Grundschule. Donauwörth: 1982[4].

Lauter, J. (Hrsg.): Methodik der Grundschulmathematik. Donauwörth: 1984[3].

Lorenz, J.H./Raddatz, H.: Handbuch des Förderns im Mathematikunterricht. Hannover: 1993.

Lipp, U. /Will, H.: Das große Workshop-Buch. Weinheim: 2002[6].

Maras, R.: Unterrichtsgestaltung in der Grundschule heute. Donauwörth: 1982.

Meis, R.: Diagnostischer Rechtschreibtest für 4. und 5. Klassen (= DRT 4-5). Weinheim: 1982.

Meyer, H.: Unterrichts-Methoden. Bd.1 und Bd. 2. Frankfurt/M.: 1987.

Meyer, H.: Was ist guter Unterricht? Berlin: 2005[3].

Möller, K.: Lernen durch Tun. Frankfurt/M.: 1987.

Müller, G./Wittmann, E. Ch.: Der Mathematikunterricht in der Primarstufe. Braunschweig: 1984[3].

Müller, R.: Diagnostischer Rechtschreibtest für 2. Klassen bzw. 3. Klassen (= DRT 2 bzw. 3). Weinheim: 1982.

Mutzeck, W./Pallasch, W.: Handbuch zum Lehrertraining: Weinheim: 1983.

Neber H./Wagner A.. C./Einsiedler W. (Hrsg.): Selbstgesteuertes Lernen: Weinheim: 1981[3].

Odenbach, K.: Die deutsche Arbeitsschule. Braunschweig: 1963.

Peschel. F.: Offener Unterricht. Teil 1 und 2. Hohengehren: 2003.

Raddatz, H /Schipper, W.: Handbuch für den Mathematikunterricht an Grundschulen: Hannover: 1983.

Samstag, K./Sander, A./Schmidt, R.: Diagnostischer Rechentest für 3. Klassen (= DRE 3). Weinheim: 1983.

Sauter, H.: Modelle des schriftlichen Sprachgebrauchs in der Grundschule. Donauwörth: 1983[3].

Schulz von Thun, F.: Psychologische Vorgänge in der zwischenmenschlichen Kommunikation. In: Fittkau, B. u.a.: Kommunizieren lernen. Braunschweig: 1977.

Röhrs, H.: Die Reformpädagogik. Hannover: 1980.

Struck, P.: Projektunterricht. Stuttgart: 1980.

von Wedel-Wolff, A.: Üben im Leseunterricht der Grundschule. Braunschweig: 2002[4].

von Wedel-Wolff, A.: Üben im Rechtschreibunterricht der Grundschule. Braunschweig: 2003.

Wagenschein, M.: Verstehen lehren. Weinheim: 1989[8].

Warwitz, S.: Projektunterricht. Grundlagen und Modelle. Schorndorf: 1977.

Watzlawik, P. u. a.: Menschliche Kommunikation. Bern: 1972[3].

Weinert, F.E./Kluwe, R.H. (Hrsg.): Metakognition, Motivation und Lernen. Stuttgart: 1984.

Winter, Heinrich: Sachrechnen in der Grundschule. Frankfurt am Main: 1994[3].

Winter, F. u. a. (Hrsg.): Leistung sehen, fördern, werten. Bad Heilbrunn: 2002[6].

Wittmann, E./Müller, G.: Handbuch produktiver Rechenübungen.

- Band 1: Vom Einspluseins zum Einmaleins. Leipzig – Stuttgart – Düsseldorf: 1990.
- Band 2: Vom halbschriftlichen zum schriftlichen Rechnen. Leipzig – Stuttgart – Düsseldorf: 1992.